La réprobation de l'Allemagne

ou les vraies raisons du nouveau ressentiment anti-allemand

Questionner l'Europe

Collection dirigée par Bruno Péquignot

Les questions européennes sont aujourd'hui au centre de la vie sociale, économique culturelle et politique en France comme dans l'ensemble des pays qui participent à l'Union Européenne ou non. Cette collection accueille des ouvrages qui contribuent et participent aux débats et controverses sur ces questions.

Déjà parus

Yves ACHILLE, *L'Europe dans l'impasse*, 2015.
Mathieu PETITHOMME, *Dépolitiser l'Europe, Comment les partis dominants évitent le conflit sur l'intégration européenne*, 2015.
Marie-Claude MAUREL, Pascal CHEVALIER, Guillaume LACQUEMENT (coord.), *Transfert et apprentissage du modèle* Leader *en Europe centrale*, 2014.
Slimane HEMANE, *Le pantouflage des agents de la Commission européenne*, 2013.
Slimane HEMANE, *Le pantouflage des agents de la Commission européenne*, 2013.
Alain FAVALETTO, *Allemagne, la rupture ? Remarques sur le néonationalisme allemand,* 2013.
Patrice OBERT, *Un projet pour l'Europe. Plaidoyer pour une refondation,* 2013.
Thomas DUPONT FEDERICI, *La désunion européenne. Pourquoi ça ne marche pas ?,* 2013.

Arno MÜNSTER

La réprobation de l'Allemagne

ou les vraies raisons du nouveau ressentiment anti-allemand

Quel avenir pour l'Europe ?

L'Harmattan

DU MÊME AUTEUR

Figures de l'utopie dans la pensée d'Ernst Bloch, Aubier, 1985.
Ernst Bloch : Messianisme et utopie, PUF, Paris, 1989.
Nietzsche et le nazisme, Kimé, 1995.
Progrès et catastrophe. Walter Benjamin et l'histoire, Kimé.
Le principe dialogique, Kimé, 1997.
Le principe « discussion ». Habermas ou le tournant langagier et communicationnel de la Théorie critique, Kimé, 1998.
Nietzsche et Stirner, suivi de : Nietzsche est-il « immoraliste » ?, Kimé, 1999.
L'utopie concrète d'Ernst Bloch. Une biographie, Kimé, 2001.
Heidegger, la science allemande et le national-socialisme, Kimé, 2002.
Sartre et la praxis (Ontologie de la liberté et praxis dans la pensée de Jean-Paul Sartre), L'Harmattan, 2005.
Sartre et la morale, L'Harmattan, 2007.
Hannah Arendt contre Marx ? Réflexions sur une anthropologie philosophique du « politique », Hermann, 2008.
Adorno, Une introduction (Il n'y a pas de vraie vie dans la vie fausse), Hermann, 2009.
Réflexions sur la crise, L'Harmattan, 2009.
André Gorz ou le Socialisme difficile, Lignes, 2008 (trad. en allemand, Zurich, 2011).
Pour un socialisme vert. Vers la société écologique par la justice sociale. (Contribution à la critique de l'écologie politique), Lignes, 2012.
Direction d'ouvrages collectifs :
Réification et utopie. Ernst Bloch et György Lukacs. (Actes du colloque à l'Institut Goethe de Paris (1985) (avec Michael Löwy et Nicolas Tertulian), Actes Sud, 1986.
Sartre : le philosophe, l'intellectuel et la politique (avec Jean-William Wallet) (Les actes du Colloque d'Amiens (2005), L'Harmattan, 2006.
Utopie, écologie, écosocialisme, L'Harmattan, Questions contemporaines, 2013.
Albert Camus : La révolte - contre la Révolution ?, L'Harmattan, 2014.
Espérance, rêve, utopie dans la pensée d'Ernst Bloch (Six conférences), L'Harmattan, Ouverture philosophique, 2015.
Jean Jaurès : un combat pour la Laïcité, la République, la justice sociale et la paix, L'Harmattan, Questions contemporaines, 2015.

5-7, rue de l'École-Polytechnique ; 75005 Paris

http://www.librairieharmattan.com
diffusion.harmattan@wanadoo.fr
harmattan1@wanadoo.fr

ISBN : 978-2-343-08100-7
EAN : 9782343081007

Mes remerciements à Camille
et à Bruno Péquignot

« Les Allemands sont réputés pour avoir un bon caractère, c'est-à-dire pour leur loyauté et leur goût de la vie de famille : qualités qui ne sont pas spécialement de nature à permettre de briller. L'Allemand est celui qui, parmi tous les peuples civilisés, s'accommode le plus aisément et le plus durablement du gouvernement sous lequel il se trouve, et c'est lui qui est le plus éloigné de la soif de la nouveauté et de la tendance à s'opposer à l'ordre établi. Son caractère est un flegme associé à l'entendement, se gardant de discuter sur l'ordre déjà en place comme d'en imaginer lui-même un autre. Aussi est-il l'homme de tous les pays et de tous les climats ». (Emmanuel Kant, *Anthropologie du point de vue pragmatique*, trad. Alain Renaut, GF Flammarion, Paris, 1993, p. 304.)

PRÉFACE

Les analyses et réflexions réunies dans cet essai sont celles d'un Européen franco-allemand (né en Allemagne et vivant en France depuis 45 ans) dont le travail sur le plan des idées et de l'histoire de la pensée contemporaine est, depuis son choix de vivre en France et d'acquérir (par naturalisation) la nationalité française, était essentiellement celui d'un *médiateur* entre deux langues, deux cultures et deux pensées, à savoir entre deux pays dont l'histoire, depuis leur entrée dans l'ère de la modernité, est marquée par trois guerres (1870-71, 1914-1918, 1939-1945) et de nombreux conflits qui ont laissé dans la conscience collective des deux peuples des traces et des cicatrices telles qu'il est pratiquement devenu impossible d'évoquer l'histoire de leur relation sans faire allusion à ces dérives et catastrophes historiques qui jettent toujours une ombre tragique sur l'image de ces deux nations, mais surtout sur celle de l'Allemagne.

J'ai été fasciné assez tôt, surtout pendant mes années d'études aux universités de Tübingen, de Fribourg et de Berlin (Ouest), par le pays des Lumières, des Encyclopédistes, de la Déclaration des Droits de l'Homme, par le pays de Voltaire, de Victor Hugo, de Baudelaire, de Flaubert, d'Émile Zola, de Jean Jaurès, de Bergson et de Jean-Paul Sartre ; ayant été de plus très attiré aussi par un 19e siècle français, dont Paris était et est toujours, en un sens, la capitale, comme nous le rappelle sans cesse Walter Benjamin, c'est-à-dire par ses performances architecturales, ses palais, ses « Passages », ses jardins, ses places monumentales, mais aussi par ses révoltes et insurrections populaires qui ont rythmé son histoire (des insurrections et « complots » blanquistes jusqu'à la Commune de Paris). J'avais donc choisi de m'installer à Paris, étant encore étudiant, en septembre 1967. Je me suis donc inscrit à la Sorbonne pour faire des recherches pour une thèse de 3e cycle portant sur l'œuvre de Jules Vallès, qui devait être soutenue, ultérieurement, en 1971, à l'université de Fribourg.

C'était pour ainsi dire le « prétexte » officiel qui motiva mon installation à Paris, mais en réalité c'était déjà plutôt un choix politique et « existentiel » en faveur de la capitale française, ce qui ne signifiait rien d'autre que dire, à courte ou à longue échéance, « adieu » à une Allemagne qui m'inquiétait, qui m'agaçait, politiquement, et qui risquait aussi de m'étouffer non seulement par ses traditions et son histoire, mais surtout par son *passé.* En choisissant d'étudier la littérature, la philosophie et la civilisation françaises, j'avais en effet déjà choisi de vivre voire de recommencer une autre vie dans le pays de la liberté, de Voltaire et de Jean-Paul Sartre, tout en prenant de plus en plus de distances par rapport à un pays dont l'histoire récente était, comparée à celle de la France, « peu glorieuse » et marquée par douze ans de dictature fasciste hitlérienne qui avait créé la barbarie des camps d'extermination et qui avait détruit l'image d'une l'Allemagne « humaniste » (celle de Kant, de Goethe et de Beethoven) dans le monde entier….

J'étais donc de cette génération de jeunes Allemands ayant grandi dans l'Allemagne de l'après-guerre, celle de Konrad Adenauer, qui, comme Beate Klarsfeld et tant d'autres jeunes Allemands de l'époque, s'était révoltée contre les pères nazis et surtout contre le *refoulement collectif* des crimes abominables commis par les nazis, surtout contre les Juifs, par toute une génération d'adultes qui, après 1945 et la capitulation sans conditions de l'Allemagne hitlérienne, préférait, dans sa grande majorité, se taire honteusement sur la période nazie, en dissimulant à leurs enfants la *vérité sur les camps de la mort* et les *chambres à gaz*. (Or, j'étais un « enfant rebelle », et on m'a placé dans une institution protestante en Bavière où « régnait l'ordre »). Daniel Goldhagen[1] les appelait à juste titre « les bourreaux volontaires d'Hitler ». C'était aussi l'époque où, à cause de la *guerre froide* et de l'antagonisme entre le bloc soviétique et le bloc occidental (pro-américain), un grand nombre d'anciens nazis et un très grand nombre de fonctionnaires nazis (et surtout des juges) avait été réintégré dans l'administration ouest-allemande par le gouvernement conservateur d'Adenauer, avec le consentement des Américains. Quand j'ai quitté l'Allemagne de l'Ouest pour la France, en septembre 1967, une partie de la jeunesse estudiantine ouest-allemande était déjà en révolte contre ce système et ce consensus très ambigu et « impossible » de la société de consommation qu'était devenue entre-temps l'Allemagne fédérale, après le « miracle économique » (Wirtschafts-wunder), tandis qu'à l'Est, en RDA, qui s'appelait officiellement « le premier État antifasciste des ouvriers et des paysans allemands », un régime post-stalinien dur de type prosoviétique continuait d'incarner et de pratiquer un « socialisme » qui n'avait absolument rien d'humain et de démocratique. (Or, pendant mes années d'études à Tübingen, le philosophe Ernst Bloch, l'auteur de la trilogie *Le Principe Espérance*, dissident de la RDA, où il avait enseigné comme professeur de philosophie à l'université de Leipzig, de 1949 à 1957, m'avait initié à sa pensée de « l'utopie concrète » et sa vision d'un « socialisme à visage humain »...).

Une fois installé en France, je pouvais alors me réjouir de pouvoir enfin respirer « l'air de la liberté » qui y régnait, mais il s'est passé presque vingt ans jusqu'à ce

---

[1] Cf. Daniel Jonah Goldhagen, *Les bourreaux volontaires de Hitler. (Les Allemands ordinaires et l'Holocauste),* trad. de l'américain par Pierre Martin, Le Seuil, Paris, 1997.

que je rencontre une Française avec laquelle je pouvais bien communiquer, sur le plan humain et émotionnel et que j'ai épousée, en 1989, pour la circonstance l'année du bicentenaire de la Révolution française. Pendant ces années-là qui étaient essentiellement pour moi des années d'études, j'ai en effet beaucoup fréquenté les bibliothèques, je prenais de plus en plus de plaisir à écrire et à lire, et j'ai terminé ma thèse allemande que j'ai ensuite soutenue à Fribourg ; j'ai préparé un doctorat d'État d'habilitation de philosophie « sociale » pour l'Université de Hanovre, soutenue en 1982, sous la direction d'Oskar Negt, et je me suis finalement inscrit en Doctorat d'État ès Lettres, en Sorbonne, avec un projet de thèse portant sur l'œuvre et la pensée d'Ernst Bloch, dirigée par le professeur Olivier Revault d'Allonnes, à l'Université de Paris I-Panthéon-Sorbonne. Je fréquentais donc régulièrement la Bibliothèque nationale Richelieu.

Pendant ces années, je gagnais ma vie, essentiellement, en tant que journaliste « pigiste » pour la radiodiffusion allemande (WDR) qui avait un studio à Paris, situé à proximité des Champs-Élysées, en faisant des petites émissions sur des évènements culturels à Paris. C'est à cette époque-là que j'ai pu rencontrer des écrivains, des philosophes et des personnalités françaises très connues qui m'ont beaucoup influencé sur le plan philosophique et aussi politique, par exemple Claude Roy (qui préfaça mon livre sur « Mai 68[2] », écrit encore en allemand, pour expliquer la grande révolte des étudiants et des ouvriers français aux Allemands), Michel Foucault, Jean-Paul Sartre, Jean-Pierre Faye et André Gorz (qui devait m'initier bientôt à l'écologie politique et à une pensée de l'autonomie et de l'émancipation avec laquelle je

---

[2] Cf. Arno Münster, *Paris brennt. Die Mai-Revolution 1968.* (*Vorwort : Claude Roy)*, Francfort-sur-le-Main, 1968.

sympathisais déjà, plus ou moins vaguement, dès les journées « chaudes » de mai 1968).

Dès mon arrivée à Paris, en automne 1967, j'ai dû m'adapter et vivre désormais dans une société française très individualiste, très « familialiste », très bourgeoise et très corporatiste qui, mis à part ses cafés et ses restaurants (qui étaient pratiquement les seuls lieux possibles de rencontres), n'avait rien de spécialement hospitalier ou accueillant et où j'étais, dès le début, perçu et classé comme *étranger*. J'ai dû faire l'expérience, déjà vécue par Walter Benjamin, pendant son exil en France, dans les années trente, qu'il est « très difficile dans le quotidien de parler avec un Français pendant plus de dix minutes ». (C'est, semble-t-il, le « délai-limite de temps » accordé en moyenne à un étranger). De plus, mes origines allemandes n'arrangeaient vraiment pas les choses. Bien que j'eus bientôt une maîtrise presque parfaite du français, on remarquait toujours mon léger accent étranger, et j'ai vite compris qu'il n'était pas « bien vu », dans les « salons » de Paris, d'avoir un accent allemand, les Français préférant de loin un Américain parlant mal le français, avec un fort accent américain, à un Allemand parlant couramment la langue de Molière. La raison de cette distinction (discriminatoire), il fallait bien la rechercher dans l'histoire. Les Américains étaient les libérateurs tandis que les Allemands avaient été les occupants, haïs par la population française tout entière (sauf les collaborateurs et les miliciens fascistes) et combattus par la Résistance.

Cette même logique a continué, malheureusement, à être appliquée par mes collègues français, encore des années après mon installation comme maître de philosophie à une université du Nord de la France. Ils considéraient tout à fait comme « normal » que je ne fasse pas partie des « commissions de spécialistes » et que mes travaux scientifiques ne soient pas vraiment pris en considération par les instances « compétentes » d'évaluation de l'université, ni au niveau national ni au niveau local, alors qu'ils dépassaient en réalité de loin, du moins quantitativement et même qualitativement, les travaux scientifiques de la plupart de mes collègues. Je ne devais pas non plus avoir droit à la promotion au grade de professeur des universités, même après quinze ans de services loyalement accomplis, comme spécialiste de la pensée allemande moderne et contemporaine et comme maître de conférences de philosophie. J'ai donc ainsi perdu assez rapidement, en tant qu'allemand très « francophile », fasciné par la langue, la culture et l'histoire et la civilisation de la France, par ses grands écrivains et philosophes et son histoire « glorieuse » (la grande Révolution de 1789) toutes mes illusions concernant mes espérances de faire une belle carrière universitaire ici en France et d'être réellement intégré dans la société française qui, malgré le grand nombre d'étrangers vivant sur son territoire, continuait de se fermer et de se replier sur elle-même, préférant, au lieu de bien les accueillir, à tenir les étrangers et les « naturalisés » à distance…

Je n'avais cependant jamais réellement abandonné l'espoir que le processus de construction de *l'Union européenne*, fondé essentiellement sur l'axe Bonn (Berlin)/ Paris et la réconciliation entre la France et l'Allemagne, suite à la *Déclaration Schumann* du 9 mai 1950 (jetant les fondements de l'Union économique européenne, c'est-à-dire de « l'Union de l'Acier et du Charbon ») et aux Accords de l'Élysée (1963), permettrait de rapprocher de plus en plus, en dépit de tous les obstacles, ces deux peuples, en espérant qu'il serait possible de vaincre, lentement, progressivement, en avançant dans la voie de la construction d'une Europe économique, culturelle et politique, les anciens *ressentiments* existants encore des deux côtés du Rhin, mais visiblement encore beaucoup plus dans les mentalités françaises qu'allemandes.

J'étais convaincu que le travail courageux réalisé dans ce domaine de la réconciliation franco-allemande par Jean Monnet et Robert Schumann, encouragé ensuite par De Gaulle et Adenauer, Giscard d'Estaing et Helmut Schmidt, devait porter ses fruits, même si par exemple le refus de l'Union de Défense Européenne (UDE) par le parlement français, en 1954, et ultérieurement, le « Non » des Français à la Constitution Européenne, au Référendum de l'année 2005, indiquaient clairement que c'était très difficile et qu'un long chemin était encore à parcourir pour que cette utopie d'une Europe unie, réconciliée avec elle-même, au-delà de tous les particularismes, souverainismes et nationalismes, puisse enfin devenir une réalité concrète.

C'est la raison pour laquelle j'ai été très attristé de devoir constater qu'après la réunification des deux Allemagne, en 1990, et conjointement avec les difficultés qu'a rencontrées l'Europe, comme *union monétaire,* de s'adapter à la nouvelle situation, créée dans la période de 1995-2010, par l'élargissement de l'UE vers l'Est et la création de l'Euro ; que suite à la renaissance du nationalisme, de la xénophobie et de certaines rivalités économiques entre les nations européennes, dans cette période, le *ressentiment anti-allemand,* à savoir un *ressentiment de type nouveau,* semblait être tout à coup de retour, en France. Je dis bien de « type nouveau », car il s'agissait là, essentiellement, non pas d'un ressentiment anti-allemand « classique », ressuscité dans un contexte différend (celui de la mondialisation néo-libérale), mais plutôt d'un ressentiment exprimé et alimenté par des élites, persuadées que la création de l'Euro profiterait trop, économiquement, à l'Allemagne, et qu'en conséquence, la France, qui avait espéré un affaiblissement de l'Allemagne, en raison du coût très élevé de la réunification, face à son grand concurrent, à sa frontière orientale, serait de moins en moins compétitive, économiquement, au niveau européen et mondial. Le rôle important que commençaient à jouer dès lors les « experts » allemands, au niveau de la Commission Européenne et de l'Eurogroupe, dans les affaires économiques de l'Union, semblait gêner de plus en plus les *souverainistes français* (de droite et de gauche) qui craignaient une diminution du pouvoir de décision et de la domination française en Europe, renforcée de plus par les mécanismes de transfert de souverainetés déjà engagés et en cours, qui sont refusés par des partisans farouches du maintien à tout prix de la prévalence de *l'État national* sur les instances *supra-nationales* européennes. (Cf. Marine Le Pen, Nicolas Dupont-Aignan, J.-P Chevènement, Emmanuel Todd, Marie-France Garraud et J.-L. Mélenchon…). Ils incitaient donc, à coup d'interviews médiatiques répétés, à la désobéissance à l'égard des décisions prises par la *Commission Européenne* de Bruxelles, renforçant ainsi le mouvement *nationaliste* du « repli sur soi-même » de l'État national. Ce qui frappe ici, c'est aussi l'étonnante convergence de vue, concernant la critique des instances européennes, de l'euro et de l'Allemagne, entre d'un côté le « Front National » et de l'autre d'une partie de la gauche radicale (« Front de Gauche », PCF, Parti de Gauche, Ensemble…). (À ce propos, il ne relève pas du tout du hasard que le numéro 2 actuel du FN est un ancien chevènementiste).

En appelant, comme le FN, lors du Référendum de l'année 2005, portant sur une *Constitution de l'Europe,* à voter « Non », cette *gauche radicale* qui avait même réussi à intéresser à ses idées aussi une fraction de la *gauche socialiste* (Arnaud Montebourg…), avait commis la grave erreur de freiner ainsi, de manière décisive, la dynamique du processus d'unification de l'Europe, à un moment où il aurait été absolument nécessaire et opportun de le stimuler par un vote affirmatif.

C'est par dogmatisme et un certain aveuglement idéologique que la gauche anti-libérale (le « Front de gauche » (PCF, PG....) en tête, avait également appelé dans les semaines précédant le Référendum à voter contre ce Projet d'une *Constitution Européenne*. Cette gauche anti-libérale dénonçait non seulement l'idéologie « néo-libérale » du Projet, mais elle lui opposait aussi, simultanément avec la dénonciation des « abandons de souveraineté », le mot d'ordre nationaliste-souverainiste - du « produire français » que Jean Pierre Chevènement et le PCF avaient déjà lancé à la fin des années 70, pour mettre les Français en garde contre une « Europe allemande » qui serait en train de naître. Ces arguments ont été repris ultérieurement par Emmanuel Todd, et à droite, par Marie-France Garraud et M. Dupont-Aignan (« Debout la France »), encore bien avant Jean-Luc Mélenchon qui en tant qu'ancien sénateur socialiste avait encore voté pour le *Traité de Maastricht* et qui s'est alors amplement servi de ces arguments souverainistes pour inciter ses adhérents et ses militants du « Front de Gauche » à dire « Non » à l'Europe et à l'Allemagne, accusée de « coloniser » les pays de l'Europe de l'Est et d'imposer au reste de l'Europe une politique d'austérité d'inspiration néo-libérale qu'il faudrait combattre de toutes ses forces. Avec la publication du livre pamphlet, *Le Hareng de Bismarck* (*Le poison allemand*) (Plon, 2015), cette campagne anti-allemande, menée par le leader charismatique du « Front de Gauche », atteignit incontestablement son apogée.

En tant qu'européen socialiste (de gauche), internationaliste, humaniste, écologiste et partisan d'une *Europe écologique et sociale,* je ne pouvais ne pas répliquer aux thèses – assez provocatrices - de ce livre qui, même s'il comporte certaines analyses qui sont justes ou inspirées par un souci de justice, sont, estimons-nous, dangereuses et en même temps significatives pour l'état d'esprit d'une *extrême gauche* qui ne se rend pas compte à quel point cette dérive souverainiste, anti-européenne et « nationaliste de gauche » approfondit encore davantage les divisions de la gauche, tout en augmentant sensiblement les chances de l'extrême droite d'arriver au pouvoir aux élections présidentielles de 2017.

Les réflexions et analyses qui suivent sont donc destinées non seulement à révéler les contradictions des propos et des thèses de Jean-Luc Mélenchon, exprimés dans ce livre, mais à mettre aussi en garde contre la renaissance à gauche d'une nouvelle *germanophobie* et d'un *nationalisme/souverainisme de type nouveau,* dont la propagation est non seulement dangereuse pour la France, mais aussi pour toute l'Europe.

Comme Jürgen Habermas, je pense en effet que, malgré toutes les erreurs qui ont été commises par la CE et les « eurocrates », que malgré le visible *déficit démocratique* des instances européennes (excepté le Parlement européen de Strasbourg dont les députés ont été élus par le suffrage universel et dont personne ne peut contester la légitimité) qui ont vraiment besoin d'une re-légitimation démocratique, il faut avancer malgré tout vers et dans la construction de l'Europe, pour que les peuples regagnent des latitudes d'action au niveau *supra-national*, sans pour autant sacrifier la *démocratie*, et que la crise de l'Europe des gouvernements doit conduire à la constitution d'une Europe des peuples. Il est donc urgent d'élargir les compétences et les perspectives de la CE, en renforçant la force et les perspectives de la CE, en renforçant le pouvoir de décision du Parlement Européen, en démocratisant les structures des autres organismes et instances de décision européennes et en approfondissant la dimension *sociale*, en adoptant un « Contrat social européen » (U. Beck) et en lançant à grande échelle des *Initiatives Citoyennes Européennes* (ICE), en focalisant, si possible, ses activités sur la question de la *réduction des inégalités sociales* et sur la défense des *droits de l'homme* et de la dignité humaine. Ainsi la réponse à tous ceux qui, déçus par l'Europe de Bruxelles, prônent, imprudemment et en perdant le sens de la responsabilité, la *sortie de l'euro*, le retour au *franc français*, la fermeture des frontières et la confrontation avec l'Allemagne (Montebourg, Mélenchon), en mettant dangereusement en cause *l'axe franco-allemand* (Paris-Berlin) et tous les acquis positifs de l'amitié et de la coopération franco-allemande, constituant depuis un demi-siècle le socle solide de la construction européenne, ne peut être qu'il faut sortir de la crise actuelle non pas par une rupture avec l'Europe, mais avec un « plus d'Europe », tout simplement parce que ce grand projet qui avait commencé avec une simple « union monétaire » et qui est devenu au rythme des adhésions nouvelles « l'Europe des 28 », n'est pas encore achevé et parce qu'en conséquence son avenir ne peut être qu'une *Europe fédérée démocratique des peuples*, gouvernée dans un esprit *européen transnational* par des États nationaux ayant *transnationalisé* au maximum leurs *souverainetés nationales* (Cf. J. Habermas). C'est seulement ainsi qu'on pourra lutter efficacement contre le *poison nationaliste*.

***

Arno Münster Nice,
le 29 août 2015.

en adoptant un « Contrat social européen » (U. Beck) et en lançant la grande cabale des *Lumières* [illegible] européennes (ÉLJ) en focalisant, si possible, ses activités sur la question de la [illegible] et sur la défense des droits de l'homme et de la dignité humaine. [illegible] l'Europe de Bruxelles, [illegible] pendant la crise de [illegible] [illegible]

PREMIÈRE PARTIE

LA RÉPROBATION DE L'ALLEMAGNE

I.
LE « POISON » EST-IL VRAIMENT ALLEMAND ? (RÉFLEXIONS SUR UN « PAMPHLET[3]»)

Un livre qui gêne et provoque, délibérément. Et qui dérange aussi, non pas vraiment par sa « franchise » et la violence de ses propos, mais plutôt par la monstration d'une réprobation viscérale de l'Allemagne et d'un rejet catégorique du « modèle allemand », accusé d'« arrogance » et de « volonté de domination » (économique et politique) de l'Europe et de volonté d'« imposer de manière brutale au niveau de l'Europe son modèle néo-libéral », en humiliant, par exemple la Grèce. Et s'il est publié maintenant, ce n'est évidemment pas sans rapport avec l'élection d'Alexis Tsipras comme premier ministre grec et la victoire de « Syriza », le « parti frère » de Jean-Luc Mélenchon, aux dernières élections législatives grecques, le 25 janvier 2015, victoire que Mélenchon avait souhaitée de tout son cœur et qu'il salue et revendique maintenant en un sens comme la « sienne ». Cette victoire, selon Jean-Luc Mélenchon, devrait inaugurer un tournant significatif en Europe, caractérisé par le refus catégorique par la population de la politique d'*austérité* imposée à la Grèce par la « troïka » et l'Union Européenne qui, avec ses mesures draconiennes, avait humilié outre mesure, tout en ruinant son économie, la Grèce, connue comme le berceau de la philosophie et de la démocratie, dans l'Antiquité. Dans cette « humiliation », l'Allemagne, et notamment son ministre des finances Wolfgang Schäuble,

---

[3] Une partie de ce texte a été publiée sous la forme d'une « Tribune Libre » dans le journal « Libération » du 25 mai 2015.

avait en effet joué un rôle majeur. Excellent prétexte, pour Mélenchon, de dénoncer, à cette occasion-là, « l'arrogance allemande », « le danger qu'elle représenterait désormais pour ses voisins et ses partenaires », et son « modèle » qui, aux yeux de l'auteur de ce pamphlet, représente « un recul pour notre civilisation. »

Certes, personne n'a jamais soupçonné Jean-Luc Mélenchon de « germanophilie » ; mais quand on lit son nouveau livre *Le Hareng de Bismarck*[4], on ne peut qu'être étonné du ton cassant et polémique quand il parle de notre voisin d'outre-Rhin et aussi de cette obsession à désigner, à l'époque de la grave crise que nous vivons, l'Allemagne comme *bouc émissaire* de pratiquement tous les maux, difficultés et malheurs qu'a connus l'Europe, depuis la crise bancaire et financière de 2008, jusqu'à la crise de la dette grecque d'aujourd'hui. Si le but de l'auteur de ce pamphlet est, évidemment, « de percer le blindage cotonneux des béatitudes et des langueurs de tant de commentateurs hypnotisés par l'Allemagne »[5], et d'alerter l'opinion publique française qu'« un monstre est né sous nos yeux, l'enfant de la finance dérégulée et d'un pays [l'Allemagne] qui s'est voué à elle, nécrosé par le vieillissement accéléré de sa population »[6], il court, déjà à cause de la fragilité de certaines de ses thèses et aussi du ton extrêmement polémiste employé, vraiment le risque d'irriter ses lecteurs beaucoup plus que de les convaincre du bien-fondé de son argumentation.

Dans sa dénonciation de ce qu'il appelle délibérément et sans aucune réserve le « danger allemand », en reprenant à son compte les principaux arguments de la vieille campagne de Chevènement et de Georges Marchais

---

[4] Jean-Luc Mélenchon, *Le Hareng de Bismarck (Le poison allemand)*, Plon, Paris, 2015.

[5] *Op. cit.*, p.7.

[6] *Op. cit.*, p.8.

de la fin des années 70, contre « l'Europe Allemande » (qui a aussi pu inspirer le sociologue allemand Ulrich Beck[7]), Mélenchon n'y va en effet pas par quatre chemins :

« L'impérialisme allemand est de retour. La dictamolle européenne est son nouvel uniforme. L'ordolibéralisme son credo. Les maisons de retraite, son nouveau projet de civilisation. Au secours ![8]». Mais l'Allemagne s'apprête-t-elle vraiment à « déporter ses retraités », comme le suggère l'auteur ?

Certes, l'auteur du *Hareng de Bismarck* n'a pas tout à fait tort de stigmatiser par exemple le vieillissement constant de la population allemande et les effets négatifs d'une politique d'abandon progressif du nucléaire qui ont eu pour conséquence une augmentation des émissions de CO2, en Allemagne, à cause du renouveau du charbon. Rappelons qu'après Fukushima, l'Allemagne avait décidé la fermeture de toutes ses centrales nucléaires, jusqu'en 2022 ; la France, en revanche, soit dit « en passant », n'a toujours pas fermé une seule de ses 48 centrales nucléaires, même pas celle de Fessenheim (Alsace) que François Hollande avait promis de fermer, en 2012. La France maintient donc son « socle nucléaire », se limitant à réduire, d'ici 2025, la part du nucléaire dans la production globale de l'énergie électrique, qui représente actuellement 75% à 50%. Certes, Mélenchon dénonce « un modèle productiviste qui en Allemagne a aussi envahi l'agroalimentaire[9] », mais il oublie délibérément de mentionner aussi les effets *positifs* de cette politique énergétique allemande, par exemple le fait qu'en matière de développement des énergies renouvelables, que ce soit

---

[7] Cf. Ulrich Beck, *Non à l'Europe allemande. Vers un printemps européen ?* Préface de Daniel Cohn-Bendit, Autrement, Paris, 2013.
[8] Mélenchon, *op. cit.*, p. 21.
[9] *Op. cit.*, p. 42.

l'énergie *solaire* ou celle produite par les *éoliennes,* l'Allemagne conserve toujours une avance considérable sur la France dont le parc des éoliennes est toujours minuscule et insuffisant. En bref, la France veut – en défiant brutalement les écologistes – rester à tout prix la première puissance nucléaire du monde !

Lorsque le leader du *Parti de Gauche* français s'en prend alors, apparemment dans le même souci de dénonciation d'un « mal allemand menaçant le monde », à l'Allemagne, lui reprochant d'« agir en Europe avec un égoïsme de principe[10] », on aurait presque envie de lui répondre : Et la France ? Et l'Angleterre ? Leur politique à l'égard de l'Europe a-t-elle été, « non-égoïste » voire « altruiste » ? On se rappelle de la politique de la « chaise vide » aux institutions européennes pratiquée pendant de longues années par le gouvernement du Général de Gaulle, ou de l'attitude arrogante d'une certaine Madame Thatcher n'exigeant pas moins que le remboursement des contributions nettes de la Grande-Bretagne pour l'Union européenne (« I want my money back ! »), dans une situation où l'Allemagne (qui a dû supporter seule l'énorme coût de la réunification) était et reste toujours *le plus grand bailleur de fonds de l'UE.* Faisant beaucoup plus de sacrifices pour l'Europe que ses partenaires européens, l'Allemagne a même, ne l'oublions pas, fait, après la réunification, sous le chancelier Kohl, le sacrifice de sa monnaie, jadis sa « fierté nationale » : le *Deutsche Mark*, et ceci malgré l'avis de la majorité de sa population, en donnant le feu vert pour la création de *l'Euro.* Ce dernier n'était pas, comme l'affirme Mélenchon, une invention allemande destinée à dominer les autres nations de l'Europe, mais une *exigence française*, à savoir celle du président François Mitterrand pour lequel c'était la

[10] *Op. cit.*, p. 77.

condition sine qua non de la signature par la France du traité portant sur la réunification de l'Allemagne.

Que cette dernière soit comparée par Mélenchon à une simple « annexion » de l'ex-RDA par la République Fédé rare, en 1990, est bien étrange ; puisque la réunification des deux Allemagnes a bien été le résultat de l'adhésion volontaire des länder de l'Est de l'Allemagne (Thuringe, Saxe, Saxe-Anhalt, Brandebourg et Mecklembourg-Poméranie occidentale), selon l'article 8 de la Constitution. Certes, Mélenchon a raison de critiquer, à ce propos, l'action de la « Treuhand », l'organisme chargé après la réunification de la gestion des entreprises nationalisées (« Volkseigene Betriebe » (VEB) de l'ex-RDA), qui a évidemment procédé d'une manière trop brutale à la dénationalisation de ces usines, provoquant rapidement leur faillite et le chômage de ses travailleurs, mais il omet de dire que la raison principale de cela était l'introduction de l'équivalence entre 1 mark de l'Est (Deutsche Noten-bank/DDR) et 1 deutsche mark Ouest, qui privait de facto ces entreprises de l'Allemagne de l'Est de la possibilité d'investir, et le mauvais état des lieux de production est-allemands, avec leurs parcs de machines vieillissants et leur sous-production chronique. Or, au moment de la réunification des deux Allemagnes, la RDA dont l'économie socialiste – étatiste centralisée (« Kommandowirtschaft ») – fonctionnait avec des subventions accordées par l'État aux entreprises, était en faillite d'État (!), ce qui favorisait en effet énormément la main-mise du capital industriel et bancaire de l'Allemagne de l'Ouest sur les entreprises de l'Est, en perte de productivité et de compétitivité. En effet, le passage, avec la réunification, du mode de production « socialiste », dans ces entreprises, au mode de production « capitaliste », imposé par la RFA, fut trop brusque et trop brutal ; il aurait fallu des étapes intermédiaires. Cependant, le transfert massif de centaines de milliards de deutsche marks de l'Ouest à l'Est, dans les années consécutives à la réunification, a permis la modernisation d'une partie importante de l'appareil de production de l'Allemagne de l'Est et d'élever dans une large mesure (ce qui était l'objectif de la politique économique allemande de l'époque) la RDA au niveau de l'Ouest, au prix, hélas, que plusieurs centaines de milliers de travailleurs de l'Est aient dû quitter leur région pour travailler à l'Ouest. C'était, dans un sens, une « colonisation » économique de l'Est de l'Allemagne par l'Ouest, économiquement prospère et forte, mais ce n'était pas – une « annexion ».

Certes, en raison d'une politique de bas salaires (la grande tare de l'Allemagne) (Cf. les nombreux mini-Jobs à 1 Euro !), la pauvreté et la précarité avaient connu une forte augmentation, aussi en Allemagne, entre 2009 et 2014, mais les statistiques et chiffres exacts relativisent beaucoup le diagnostic pessimiste et négatif de l'auteur du pamphlet ; car l'Allemagne comptait, effectivement, en 2014, 12 millions de pauvres, sur une population de 80 millions d'habitants, tandis que la France en compte aujourd'hui presque 9 millions (!), sur une population totale de 62 millions d'habitants ! Et, sous la pression insistante des sociaux-démocrates allemands, le gouvernement de coalition CDU/CSU/SPD de la chancelière Merkel a enfin décidé d'introduire aussi en Allemagne, à partir du 1er janvier 2015, le *Salaire Minimum Garanti* (SMIG). D'en conclure, comme le fait Mélenchon, que l'Allemagne « toussote » et que son économie « stagnante », basée essentiellement sur l'exportation, serait sans aucun avenir, c'est sans nul doute une grande exagération….. L'Allemagne n'a pas non plus « annexé les anciens pays soviétiques[11] », comme le prétend Mélenchon ; ceux-ci (la Pologne, la Lituanie, la

[11] Mélenchon, *Op. cit.*, p. 111.

Lettonie, L'Estonie, etc.) ont plutôt délibérément choisi, en tirant les leçons des discriminations et répressions subies par la Russie, pendant l'époque soviétique, la protection militaire de l'Ouest et de l'OTAN, pour être protégés contre une éventuelle violation de leur souveraineté et intégrité territoriale par la Russie de Poutine. Et dans le conflit avec l'Ukraine, l'Allemagne de Madame Merkel a joué plutôt un rôle modérateur, ayant réussi, avec l'appui de la diplomatie française (L. Fabius, François Hollande), à obtenir, dans des conditions extrêmement difficiles, un cessez-le-feu, par le biais des accords de Minsk. L'Allemagne accorde à ces pays une aide économique, mais pas du tout militaire. Parler d'« annexion » à ce propos, est absurde. (Or, Mélenchon n'a pas du tout critiqué la seule grande annexion en violation flagrante des traités et du droit international : celle de la *Crimée* par la Russie, en 2014. En se ralliant unilatéralement au point de vue de la Russie de Poutine, il se limite à critiquer, comme ce dernier, l'élargissement de l'OTAN vers l'Est, sans jamais critiquer les visées hégémoniques et le nouveau nationalisme dur, intolérant et méprisant des droits de l'homme de la Russie de Poutine). Il y a donc deux poids et deux mesures, et il n'est pas exagéré du tout de parler à ce propos d'un retour du leader de l'extrême gauche française à l'idéologie de la guerre froide, celle de l'ère de Brejnev et de Georges Marchais.

« De quoi l'Allemagne est-elle le nom ? » À lire et à croire l'auteur de ce pamphlet viscéralement germanophobe, « la germanolâtrie française est triomphante, … elle parade ! Elle se consomme en toute saison et toute occasion, se savoure à belles lampées, se récite comme un des mantras obligés du bon goût. À servir toujours tiède et légèrement saupoudrée de mièvreries confites à « l'amitié au couple franco-allemand » et autres gourmandises vintage [12] ». Or, de quoi parle ici Mélenchon ? Existe-t-il vraiment une telle « germanolâtrie », en France ? N'est-elle pas tout à fait fictive ? Vivant depuis quarante-cinq ans dans ce pays, étant marié à une française, je n'en ai encore rien remarqué. Je me suis bien rendu compte du fait que même dans les milieux germanistiques français on semble être, majoritairement, assez réservé à l'égard d'une Allemagne (dont le passé pèse en effet très lourd sur les rapports avec ses voisins) et qui « fait peur », surtout à cause de sa puissance économique. Il n'y a donc pas de germanolâtrie en France (là, Mélenchon se tient à une fiction !), mais il existe bien une vieille tradition d'un ressentiment anti-allemand qui remonte à 1870, à la guerre franco-prussienne, à la Proclamation du Reich Allemand par l'Empereur Guillaume II, à Versailles, en 1871, sans parler de la Première Guerre mondiale, du nazisme, de la Résistance et de la Libération, donc, d'évènements historiques qui ont tous alimenté et déterminé, souvent même pour des raisons tout à fait compréhensibles et justifiables (antifascisme, indignation contre les crimes commis par les nazis sous l'Occupation…), la persistance d'un *ressentiment anti-allemand* dans les mentalités de la majorité des Français contemporains. On peut précisément reprocher à ce propos à Mélenchon de jeter volontairement de l'huile sur le feu, en caricaturant l'Allemagne contemporaine (qui a bien fait amende honorable pour les crimes commis par le nazisme et qui a dédommagé les familles des victimes) et ses leaders politiques, et ici en premier lieu Madame Merkel qui, malgré tout ce qu'on puisse lui reprocher (je n'ai en effet, en tant qu'homme de gauche, jamais voté pour elle et son parti, la CDU), a quand même eu le courage de prononcer un courageux discours à la Knesset de Jérusalem, en demandant pardon pour les crimes contre l'humanité commis par

---

[12] *Op. cit.*, p. 175.

l'Allemagne nazie contre les juifs d'Europe. Et même s'il est tout à fait légitime de critiquer l'attitude trop dure de l'Allemagne, lors des négociations de Bruxelles sur la dette grecque, en juillet 2015, on devrait quand même reconnaître que Madame Merkel, avec sa politique généreuse de *l'accueil des réfugiés*, en provenance du Proche-Orient, de l'Afrique et des Balkans, a bien réussi à améliorer, dans l'espace de quelques jours, en septembre 2015, l'image de son pays, en faisant la monstration que l'Allemagne contemporaine est non seulement une *force économique* puissante et vivante, mais aussi une *force morale*, tentant, en accueillant dignement 800 000 réfugiés, pour la seule année 2015, de mettre en pratique une synthèse entre politique et morale que la plupart des autres pays de l'Union Européenne (à l'exception de la Suède) refusent d'appliquer, en faisant preuve d'un égoïsme national inouï et d'une incompréhension parfois très inhumaine à l'égard des réfugiés (Cf. la Hongrie de M. Orban !) qui, comme le souligne à juste titre la chancelière, en tant qu'êtres humains ont tout à fait droit à notre *hospitalité* et au fait d'être accueillis humainement, dignement, même si cela nécessite un grand effort inédit de *solidarité* que l'Allemagne est prête à faire, même si cela suscite des réactions extrêmement violentes de la part d'une extrême droite raciste, xénophobe et islamophobe qui, avec ses indignes manifestations à Dresde et dans d'autres villes allemandes, veut à tout prix empêcher la mise-en-œuvre et la poursuite de cette politique humanitaire et solidaire. (Que derrière ce mot d'ordre de Madame Merkel « Wir schaffen es ! » (« Nous sommes capables de résoudre ce problème ») se cachent aussi des arrière-pensées économiques, spéculant sur la « main-d'œuvre bon marché », apte à « redynamiser » l'économie allemande qui en a absolument besoin, à cause du vieillissement de sa population, cela est bien entendu une autre question).

Finalement, la conclusion polémiste de Mélenchon : « L'Allemagne va mal. Le poison allemand est l'opium des riches », pourrait bien être inversée : « L'opium des peuples » (Marx), n'est-ce pas, aujourd'hui, à un moment où l'extrême droite est si puissante, en France, qu'elle revendique même de prendre le pouvoir, par les urnes, en 2017, lors des élections présidentielles, plutôt le *nationalisme* - qu'il vienne de la droite ou - « Corruptio optimi pessima ! » - de la gauche radicale ? *

*[Réplique (publiée dans « Libération » du 25 mai 2015 (rubrique« Rebonds »)]
(Le texte de cet article a été complété et modifié pour cet ouvrage.)

II.
LA GAUCHE RADICALE EST-ELLE DEVENUE GERMANOPHOBE[13] ?

Traversé par une grave crise intérieure, provoquée par les divisions internes (entre communistes, le « Parti de Gauche » et les féministes-écologistes-altermondialistes du mouvement « Ensemble ») et affaibli de plus par les mauvais résultats électoraux obtenus aux dernières élections européennes, municipales, régionales et cantonales, le « Front de Gauche » de Jean-Luc Mélenchon est-il menacé de plus par une crise d'orientation idéologique/politique, comme résultat du fait d'être accusé d'avoir bien réussi à *diviser* la gauche (en menant une campagne violente contre la « politique d'austérité » des socialistes), sans pour autant avoir pu s'imposer comme une *alternative réelle et crédible* à la politique de la gauche gouvernementale du PS ? A-t-il, éventuellement, choisi de se lancer en un sens pour cette raison-là dans une « fuite en avant », en ciblant, encouragé par la victoire de *Syriza* en Grèce et les voix très critiques à l'égard de l'Allemagne qui se sont levées pendant la campagne des législatives en Grèce, en janvier 2015, dans une campagne anti-allemande, en France, dans l'espoir de pouvoir ainsi, éventuellement, « dynamiser » sa campagne contre « l'Europe néo-libérale », les socialistes et la politique d'austérité » qui leur est reprochée ? Ne s'agit-il pas ici, tout simplement, de *l'instrumentalisation de l'anti-germanisme* par un homme politique de la gauche radicale française pour une politique *populiste de gauche* visant la

[13] Texte –complété et modifié – d'une « Tribune libre » publiée dans « Le Monde » (Internet) du 1er juin 2015.

désarticulation de l'Union européenne, le retour au souverainisme et à l'État national et l'effondrement du PS et de la social-démocratie, dans la perspective de mettre brutalement fin à la bonne entente avec l'Allemagne, au couple franco-allemand et à l'idée européenne ? Et-ce peut-être la raison pour laquelle le principal porte-parole du « Front de Gauche » *Jean-Luc Mélenchon* a décidé de publier maintenant ce pamphlet violent contre l'Allemagne ? Mais n'a-t-il pas, comme le souligne entre autres Henri Weber, avec son « délire complotiste », avec ses sorties sur Chavez, puis Maduro, avec sa complaisance envers Poutine et sa germanophobie « aux accents déroulédiens », « fini par avoir raison des Verts et des communistes les mieux disposés ? » (Cf. « Libération » du 25 mai 2015). N'est-il pas allé, dans ses visées et ses polémiques, beaucoup trop loin, précisément, dans le cas de l'Allemagne ? N'a-t-il pas choisi non pas la voie raisonnable de la construction, mais plutôt celle de la déconstruction [de l'Europe] et celle d'un *nationalisme de gauche* ?

Certes, ce n'est pas la première fois que l'Allemagne dont la puissance et la stabilité économique sont assez souvent perçues comme une concurrence « dangereuse » par ses voisins, est critiquée sinon *diabolisée* en France ; on se rappelle de la campagne contre « L'Europe allemande » des chevènementistes et du PCF (sous Georges Marchais), déjà à la fin des années 70. Mais les critiques qu'exprime Mélenchon maintenant et le ton avec lequel il aborde l'Allemagne, dans son nouveau livre-pamphlet *Le Hareng de Bismarck (Le poison allemand)*, sont si excessives et si passionnées qu'on peut se poser légitimement la question de savoir si ici la ligne jaune n'a pas été délibérément franchie.

Certes, Mélenchon n'a pas tout à fait tort en citant, statistiques à la main, des chiffres prouvant par exemple que le « secret » de la réussite économique allemande résiderait aussi dans le fait que le *travail* y est beaucoup moins rémunéré qu'en France, qu'il n'y avait pas, dans ce pays, du moins jusqu'au 1er janvier 2015, de salaire minimum garanti (SMIG), et que dans le classement de Shanghai, l'université allemande n'arrive que 49e, tandis que la première université française, la Sorbonne, est 35e. Mais ne frôle-t-il pas l'absurdité lorsqu'il affirme que « L'Europe parle allemand [14] » et que l'Allemagne aurait « confisqué l'Union européenne », alors que dans la Commission Européenne les Allemands ne comptent que 9 chefs et adjoints de cabinet sur 28 ? Son président est Jean-Claude Juncker, un luxembourgeois ! Et le Parlement européen est-il vraiment devenu, comme le prétend, polémiquement, J.-L. Mélenchon, « la troisième chambre du Parlement Allemand », seulement parce que son président actuel est le social-démocrate allemand Martin Schulz ?

Il est, certes, tout à fait légitime de critiquer par exemple l'attitude extrêmement dure de l'actuel ministre des Finances allemand, du chrétien-démocrate Wolfgang Schäuble (CDU), à l'égard de la Grèce, mais affirmer que « l'impérialisme allemand est de retour », que « la dictamolle européenne est son nouvel uniforme et que « l'ordolibéralisme son credo[15] » fait oublier, par une *stigmatisation exagérée de l'Allemagne* (qui prend délibérément le risque de *réveiller de vieux démons* et de ranimer une germanophobie latente toujours existante chez les Français, depuis 1871, l'année du couronnement du « Kaiser » l'Empereur Guillaume II de Prusse, à Versailles, et renforcée encore bien avant et pendant la Première Guerre mondiale, puis, à la Libération), que

[14] Jean-Luc Mélenchon, *Le Hareng de Bismarck (Le poison allemand),* Plon, Paris, 2015.
[15] *Op. cit.*, p. 21.

l'Allemagne n'est pas le seul pays-créancier de la Grèce (les banques et l'État français participent eux à 40% à la dette de l'État grec !) et que le principal responsable de la situation dramatique de la Grèce (avec tout ce que cela implique comme injustices à l'égard de la population grecque), mise à part l'énorme responsabilité des gouvernements grecs précédents qui ont surendetté leur pays outre mesure, est la *globalisation néo-libérale* et la *dictature financière mondiale,* constituée par le FMI, la Commission Européenne et la Banque Centrale Europénne.

Or, le FMI est dirigé par une Française (Madame Lagarde), la Commission Européenne par le Luxembourgeois Jean-Claude Juncker et la BCE par un Italien (Mario Draghi) !

Or, Mélenchon n'est-il pas le seul, en France, à procéder, dans ce contexte précis, à une stigmatisation outre mesure de l'Allemagne, inspirée et guidée par une théorie « complotiste ». Il est bien secondé, dans cette réanimation du ressentiment anti-allemand, par l'historien et démographe Emmanuel Todd qui, dans une interview au journal belge *Le Soir* (du 9 juillet 2015), reprise le lendemain par *Libération*, accuse – d'ailleurs non pour la première fois – l'Allemagne de « tirer les ficelles » en Europe et de « contrôler l'Europe », avec le concours de ses « satellites baltes, polonais » etc. En analysant la crise de la dette grecque à travers ces lunettes, il parvient en effet à la conclusion qu'il s'agirait ici de rien d'autre que d'« une autodestruction de l'Europe sous direction allemande[16] ». Il ignore volontairement que ce n'est pas l'Allemagne qui, avec sa politique de la « culture de l'accueil », adoptée à l'égard des réfugiés, en été 2015, « détruit » l'Europe, mais bien le *souverainisme nationaliste* et *l'égoïsme national* de certains pays de l'Est

[16] Cf. *Libération* du 10 juillet 2015.

de l'Europe qui, par exemple la Hongrie de M. Orban, s'enferment dans le nombrilisme nationaliste et la xénophobie, en « protégeant » leur pays de l'arrivée des réfugiés, avec des murs et des barbelés, en bafouant tous les grands principes humanitaires et humanistes auxquels ils ont souscrits, en adhérant à l'Union européenne. En opposant les pays du Sud, influencés par « l'universalisme romain », et les pays du Nord de l'Europe, « centrés sur le monde luthérien », Emmanuel Todd, visant de nouveau l'Allemagne, n'hésite pas à proclamer que dans ce clivage Nord-Sud « les deux tiers de la France profonde sont du côté de l'Europe du Sud ». Soit. Il faudrait donc, en conséquence, revoir les alliances, sortir de l'euro et tourner le dos à l'Allemagne, ce qui signifierait, dans la perspective de Todd, mettre fin à l'alliance privilégiée de la France avec l'Allemagne et substituer le leadership du couple franco-allemand en Europe par une alliance avec les autres pays méditerranéens... Commettant en outre la maladresse de comparer l'attitude « modérée » du Président français François Hollande, dans l'affaire grecque, avec celle des « socialistes qui ont voté les pleins pouvoirs au maréchal Pétain » (!?), il se laisse emporter, dans cette même interview, jusqu'à affirmer que « l'euro est le trou noir de l'économie mondiale », si bien que « L'Europe est un continent qui, au XXe siècle, de façon cyclique, se suicide sous direction allemande ». Il semble vraiment être convaincu qu'après la guerre de 1914-18 et la Seconde Guerre mondiale, « on est en train sans doute d'assister à la troisième autodestruction de l'Europe, et de nouveau sous direction allemande ». Il ne se rend évidemment pas du tout compte de la contradiction logique dans laquelle il s'enferme, avec ces propos à l'emporte-pièce, car si l'on « s'autodétruit », on n'est pas du tout victime d'un acte de destruction ou d'agression venant de l'extérieur, par exemple dans le cas de la colonisation. Or, il est évident que de tels propos de diabolisation de l'Allemagne, d'un point de vue souverainiste et protectionniste, ne profitent, dans le contexte politique actuel, en France, qu'à un seul parti et courant politique : au « Front National ».

On ne devrait pas oublier non plus de rappeler, dans ce contexte précis, qu'Emmanuel Todd (fils de l'écrivain Olivier Todd, grand spécialiste d'Albert Camus) avait déjà défendu, dans son livre *Après la démocratie*[17], la théorie très ambiguë d'un « protectionnisme européen », en rappelant que l'Allemagne politique, via le « Zollverein » (L'union douanière) de la Prusse, serait elle-même « née d'une application de la doctrine protectionniste »[18] dont le grand théoricien était Friedrich List. Il va, en conséquence, reprocher à l'Allemagne, « profitant trop de l'Euro », avec sa politique industrielle d'exportation, de prendre « à la France, à l'Italie, à l'Espagne, des parts de marché[19] ». Et si jamais l'Allemagne refusait de réorienter sa politique industrielle « protectionniste » vers l'Europe, la France devrait, en réaction, et à titre de représailles, « quitter la zone euro, ou plus exactement la détruire, puisqu'elle serait immédiatement suivie par l'Italie[20] ». Bien entendu, Emmanuel Todd se tait totalement sur les conséquences économiques néfastes et négatives très probables de cette hypothétique sortie de la France de la zone euro (la revendication majeure de ce nouveau souverainisme protectionniste-nationaliste) pour l'économie française, étant d'ailleurs assez peu apte à supporter ce choc et qui risquerait, si jamais un gouvernement français suivait ce « bon conseil », de sombrer, à cause d'un franc immédiatement dévalué par rapport à l'euro et aussi à

---

[17] Emmanuel Todd, *Après la démocratie*, Paris, Gallimard, 2008.
[18] *Op. cit.,* p. 295.
[19] *Op. cit.*, p. 296.
[20] *Op. cit.*, p. 297.

cause de son incapacité à affronter, sérieusement, réellement, la puissance industrielle allemande, qui pourrait encore tirer un bénéfice inattendu de ce départ de la zone euro d'un des pays fondateurs de l'Union européenne. Si même un pays comme la Grèce, qui aurait eu vingt fois plus de raisons de quitter la zone euro, en signe de protestation contre le régime d'austérité qui lui à été imposé par la « troïka », en juillet 2015, a refusé cette sortie de l'euro, qui aurait été sans nul doute une sorte de « saut vers l'inconnu », avec d'incalculables risques pour ce petit pays surendetté et ruiné, une sortie de la France (sixième puissance économique mondiale) de la zone d'euro aurait également provoqué des conséquences économiques et monétaires catastrophiques telles qu'une telle démarche n'aurait jamais accueilli l'adhésion de la grande majorité des Français. Par conséquent, l'affirmation d'Emmanuel Todd qu'« affronter l'Allemagne sur la question du protectionnisme n'est pas agressif (!?), c'est au contraire admettre son importance et exiger d'elle qu'elle tienne son rang politique et se sente responsable de l'Europe[21] », est donc complètement incompréhensible.

---

[21] *Ibid.*

cause de son incapacité à réformer structurellement, réellement la puissance industrielle allemande, qui pourrait encore tirer du bénéfice [illegible] de ce départ de la zone euro d'un des membres fondateurs de l'Union européenne. [illegible]

III.
PETIT HISTORIQUE DE LA GERMANOPHOBIE FRANÇAISE

Certes, comparé à l'antisémitisme et à l'islamophobie (qui ont explosé ces dernières années en France), l'anti-germanisme est un phénomène socio-mental et une phobie xénophobe moins importante ; mais il s'est quand même beaucoup développé, juste après la vague antisémite qui accompagnait l'Affaire Dreyfus, en France, dans la période 1900 à 1914, pour atteindre un premier sommet pendant la Première Guerre mondiale.

Historiquement parlant, la germanophobie française comme phénomène et expression typique d'un rejet identitaire collectif visant la population tout entière d'un pays voisin (de langue allemande), est bien un produit idéologique de la modernité à racines multiples dont les origines remontent peut-être déjà au XVIe-XVIIe siècle, à savoir à l'époque des guerres de religion, des conflits entre catholiques et protestants et aux conflits territoriaux qui opposaient le Royaume de France, centralisé depuis le Roi Soleil Louis XIV, pendant des siècles, non seulement aux princes et féodaux Allemands exerçant leur souveraineté sur des régions frontalières de l'État français, par exemple l'Alsace et la Lorraine, mais aussi à leur population de langue allemande ou alémanique. Ainsi, la volonté explicite d'imposer à ces provinces frontalières l'hégémonie de la langue, de la culture et de l'administration française a-t-elle sans nul doute beaucoup joué dans le projet des rois français d'étendre la souveraineté française vers l'Est, en revendiquant le Rhin comme frontière orientale définitive du Royaume de France, tandis que « l'Allemagne », divisée en une centaine de principautés (frappant leur propre monnaie et faisant respecter leurs propres frontières douanières) préférait de loin comme frontière occidentale les Vosges. Ce différend, qui était à l'origine de plusieurs guerres, était encore aggravé davantage par le différend religieux opposant une France majoritairement catholique à des États allemands majoritairement protestants. (Après la révocation de l'Édit de Nantes, en 1685, des dizaines de milliers de protestants français ont été contraints d'émigrer (via Coblence) en Allemagne, notamment à Berlin, où ils étaient bien accueillis par le roi de Prusse). À cause de son administration centralisée, son unité linguistique (le français), sa civilisation de cour, sa rationalité et la richesse de sa littérature, la France pouvait affirmer, sans problème, depuis le roi Louis XIV, pendant plusieurs siècles, sa supériorité sur ses voisins de l'Est, réputés « moins civilisés », « arriérés », et même « obscurs » et « mystiques ». Or, on ne peut pas encore vraiment parler de l'existence d'une vraie germanophobie française, pendant les 16e-17e-18e siècle, pour la simple raison qu'à cause de la « Guerre de Cent Ans », l'ennemi n°1 (« héréditaire ») de la France (catholique) était bien l'Angleterre (protestante) et non pas l'Allemagne. En outre, une certaine *francophilie* commençait même à se répandre dans certaines régions de l'Allemagne, dès le milieu du 18e siècle, notamment en Prusse, où le roi Frédéric II « Le Grand », grand admirateur de la langue et de la pensée française des Lumières, avait invité Voltaire à la Cour de Potsdam.

Les choses commencèrent à changer lorsque, sous la Révolution française, la France républicaine, ayant dépossédé la monarchie absolutiste du pouvoir, se trouva bientôt confrontée à une alliance contre-révolutionnaire européenne qui comportait non seulement les monarchies britanniques, russes et belges, mais aussi celle de la Prusse et des Habsbourg. Dans ce contexte, les accusations de « haute trahison » et de « conspiration contre-révolutionnaire » des jacobins contre la reine Marie-Antoinette, l'épouse de Louis XVI, appelée « l'Autrichienne », avaient des nets accents *germanophobes* qui se faisaient aussi ressentir au procès (de l'année 1793), la condamnant (à la majorité d'une seule voix !) à mort par la guillotine. Tandis que l'intelligentsia progressiste allemande admirait le pays de la prise de la Bastille et de la *Déclaration des Droits de l'Homme et du Citoyen (1789)*, en souhaitant une révolution bourgeoise outre-Rhin, qui a malheureusement échoué en 1849, les dirigeants de la nation française devaient bientôt apprendre, pendant les guerres napoléoniennes, à craindre la force militaire très disciplinée de la Prusse, alliée de l'Angleterre et aussi à de la monarchie des Habsbourg, et celle des tsars russes, menaçant la France révolutionnaire. Il sera alors très difficile pour la France, malgré le génie militaire de Napoléon, de tenir longtemps sur le plan militaire contre cette coalition finalement victorieuse contre l'armée de l'Empereur. (La bataille de Waterloo scellera définitivement la défaite de l'Empereur, en 1815). Une animosité de plus en plus grande commence alors à se manifester contre les généraux - autoritaires – de la Prusse féodale et contre l'armée qu'ils commandaient. Mais il y avait aussi d'autres voix qui s'élevaient. Ainsi, Madame de Staël, théoricienne du libéralisme politique, animatrice à Coppet d'un cénacle regroupant une grande partie de l'intelligentsia européenne, se pose volontairement, avec son livre *De l'Allemagne*, publié à Londres, en 1813 (le livre avait été interdit en France, par Napoléon !), comme médiatrice entre les deux peuples, conseillant à ses compatriotes l'étude des écrivains et philosophes allemands, « ces hommes les plus instruits et les plus méditatifs de toute l'Europe ». Ayant été influencée par Kant et par les frères Schlegel, elle recommande explicitement aux Français la lecture des romantiques allemands, pensant que ses compatriotes, à l'image de leurs voisins, devaient « chercher une nouvelle inspiration, un nouveau style (...), s'ouvrant aux écrivains étrangers et laissant libre cours à l'émotion voire la passion[22] ». Mais elle constate aussi, à propos de l'Allemagne, comparée à la France, un certain « manque de civilité » et d'« urbanité », un sous-développement de l'espace public et une « trop grande concentration de la vie sur la maison ». Son ouvrage est un grand succès ; mais elle meurt déjà, en 1817, à l'âge de 51 ans.

Il faut attendre la seconde moitié du XIXe siècle pour voir naître en France, juste après l'Affaire Dreyfus, une première grande vague de *germanophobie*. Celle-ci a ses origines directes dans la *guerre franco-prussienne de 1870-71,* d'où la Prusse sortit victorieuse, et dans la proclamation du *Reich Allemand* (de l'Empire Allemand), par Bismarck, en 1871, au château de Versailles. Cet événement fut ressenti par la grande majorité des Français comme une humiliation collective et une « provocation », amplifiée encore par l'annexion – par la Prusse, en tant que vainqueur, sur le plan militaire, – de *l'Alsace* et de la *Lorraine*. Ceci donna lieu, au bout de quelques années, à la naissance, au cours des années 1880-90 du XIXe siècle, parallèlement à la montée spectaculaire de l'antisémitisme, pendant « l'affaire Dreyfus », d'une *germanophobie de type nationaliste,* fondée essentiellement sur la revendication de récupérer par la force militaire l'Alsace et la Lorraine et de contrer aussi les aspirations colonialistes et « impérialistes » du « Kaiser » en Afrique (Togo, Cameroun, Rwanda, Namibie), qui allait encore s'accroître, continuellement et progressivement, dans la

[22] Cf. Michel Winock, *Madame de Staël*, Fayard, Paris, 2010.

première décennie du XXe siècle, pour atteindre finalement son apogée, en juillet 1914, à la veille de la Première Guerre mondiale, et pendant toute la durée de cette abominable guerre des tranchées. Tandis qu'un Jean Jaurès ne cessât, soutenu par l'Internationale Socialiste, avec ses articles et meetings devant les travailleurs, de faire tout ce qui était possible pour empêcher cette guerre, en proposant, entre autres, de résoudre le conflit avec l'Allemagne à propos de l'Alsace-Lorraine par les juges neutres d'un Tribunal International, le *parti nationaliste français*, fortement appuyé par une certaine presse ultra-« patriotique » et nationaliste, devenant toujours plus virulent, continuait à inciter l'opinion publique française à la guerre contre Berlin. En assassinant, à la veille de la Première Guerre mondiale, à savoir le 31 juillet 1914, Jean Jaurès[23], le leader charismatique du socialisme et du mouvement ouvrier français, cette même *droite nationaliste – germanophobe et antisémite* – avait réussi à faire disparaître à la veille de la guerre celui qui était considéré comme le dernier grand obstacle au conflit militaire avec l'Allemagne et l'Autriche-Hongrie : Jean Jaurès qui, tout en étant un socialiste républicain patriote, était opposé à « l'union sacrée ». Pendant les trois premiers mois de cette guerre, cette même presse diffusait, régulièrement, pour encourager le patriotisme et le nationalisme des « poilus » et de la population française tout entière et afin de renforcer aussi chez eux la réprobation voire la haine de l'Allemagne, autrement dit des « boches », des récits d'horreur alimentés notamment par des rumeurs concernant des atrocités barbares commises par l'armée allemande pendant l'occupation militaire de la Belgique et du Nord de la France, en août-

[23] Cf. Arno Münster, *Jean Jaurès : un combat pour la République, la Laïcité, la Justice sociale et la paix.(Réflexions autour d'une commémoration),* L'Harmattan, coll. Questions contemporaines, Paris, 2015.

septembre-octobre 1914. Dans ces récits, les soldats allemands étaient accusés d'avoir systématiquement violé les femmes dans les villes et villages belges occupés[24].

Cela a incontestablement contribué à esquisser, à « fabriquer », à des fins idéologiques, politiques et militaires évidentes, l'image du « hässliche Deutscher », c'est-à-dire de l'allemand « laid et cruel » dont le visage dur et « barbare » ne contrastait que trop avec celui – sympathique- du brave « Poilu », de « l'appelé sous les drapeaux » français, défendant légitimement non seulement sa patrie, mais aussi en même temps la République, la laïcité, la démocratie et les droits de l'homme. Paradoxalement, ce ressentiment anti-allemand n'était pas exclusivement réservé à la France, à la Belgique et aux pays entrés en guerre contre l'Allemagne, en août 1914, mais il s'était même propagé en Allemagne, où du moins une partie de l'intelligentsia critique (et parmi eux figuraient de futurs grands philosophes, par exemple Ernst Bloch), opposés au régime monarchique de Guillaume II et rêvant d'une future et possible République parlementaire démocratique allemande, sympathisait ouvertement avec la France et les forces coalisées de « l'Entente », en étant très réceptifs à l'égard des critiques faites à la Prusse, à l'empereur Guillaume II et à l'Allemagne en général. Cela concernait en premier lieu des républicains, des démocrates et des pacifistes francophiles allemands « anti-Kaiser », exilés en Suisse, dont l'organe de presse était la *Freie Zeitung* de Berne. Le jeune philosophe Ernst Bloch (1885-1977) figurait parmi

[24] Cf. John Horne/Alan Kramer, *1914. Les atrocités allemandes*, Tallendier, Paris, 2006. (Selon ces deux historiens, l'armée allemande aurait, pendant les trois premiers mois de la 'grande guerre', à savoir d'août à octobre 1914, assassiné intentionnellement près de 6 500 civils belges et allemands et ravagé des centaines de villages et de villes en Belgique et dans le Nord de la France.)

les auteurs réguliers de ce journal hebdomadaire, financé par l'Ambassade de France à Berne, au même titre que l'anarchiste Hugo Ball, l'écrivain Hermann Hesse, l'alsacien René Schickele et Annette Kolb. Sous un pseudonyme, Ernst Bloch qui ne dissimulait guère sa grande admiration pour la France, la Révolution Française et le pays de la « Déclaration des droits de l'homme » ainsi que son mépris pour la Prusse des « hobereaux » et des militaristes nationalistes, avait même publié, en 1917, dans ce journal, un article intitulé « Une victoire ennemie est-elle nuisible ou profitable à l'Allemagne[25] » ? (Schadet oder nützt Deutschland ein feindlicher Sieg ?) dans lequel il défendait la thèse qu'une victoire de « l'Entente » (France-Grande-Bretagne...) et donc : une défaite militaire de l'Allemagne de Guillaume II serait *préférable* à une victoire militaire de la Prusse et de l'Autriche-Hongrie. Bien entendu, ce « manque de patriotisme » de l'auteur de *L'Esprit de l'utopie* (1918) et du futur *Principe Espérance* (1954) avait incité les autorités allemandes de l'époque à considérer et à « blacklister » aussi Ernst Bloch comme un « traître à la patrie ».

Force est cependant de souligner que, symétriquement à la campagne anti-allemande en France, la presse allemande avait, elle aussi, déjà à partir des années 1890-1900, mais surtout entre 1910 et 1914, mené et développé une non moins violente campagne *gallophobe anti-française,* opposant systématiquement l'Allemagne comme « grande nation » de « l'esprit » (« Geist ») par excellence, avec tout ce qu'elle comporte de tradition romantique, protestante, de l'ordre et de la discipline, à la France, représentante « par excellence » de la

---

[25] Article reproduit in M. Korol (édit.), *Kampf – nicht Krieg. Ernst Bloch's frühe politische Aufsätze*, Suhrkamp, Francfort, 1985; Cf. Arno Münster, *L'utopie concrète d'Ernst Bloch. Une biographie*, Kimé, Paris, 2001, p. 104-117.

« décadence » occidentale (!), du « rationalisme froid et calculateur » et de la « légèreté » des mœurs. *Germanité* et *latinité* y étaient systématiquement présentées comme deux entités antagoniques, irréconciliables. Dans son livre *Considérations d'un homme apolitique (Betrachtungen eines Unpolitischen)* (1915), Thomas Mann[26], à l'époque encore très engagé dans le camp conservateur, se faisait encore ouvertement porte-parole de cette dénonciation, au nom d'un irrationalisme spiritualiste post-romantique nationaliste allemand, de la tradition rationaliste française à laquelle il opposa celle du « Geist » allemand. « Le *Geist* allemand, affirme à ce propos, quatre-vingts ans plus tard, André Glucksmann, dans son livre *Le Bien et le Mal. Lettres immorales de l'Allemagne et de la France,* « consommé d'âme, de sensibilité intelligente, de génie intuitif relevé d'un soupçon d'équivoque ivresse, bouillonnait dans le bain-marie de sa profondeur démoniaque. Cet Esprit majuscule démonétisa les beaux, mais petits esprits français, repoussés dans le « trait » du même nom et les jeux de mots pas toujours glorieux. Votre plaisanterie, notre *Witz,* hésitait entre légèreté viennoise et grossièreté bavaroise, volait jusqu'à Berlin quitte à s'alourdir, trop souvent. Lorsque l'intellectuel proprement dit fit son entrée dans le siècle, nous le dépréciâmes d'office pour le reléguer illico dans la niche des âmes de second choix. Il ne faisait pas bon s'en réclamer. Pour les fils de Goethe et de Schopenhauer, il incarnait le reniement [27]».

Il est indéniable que le ressentiment anti-allemand, alimenté par la presse de boulevard française, dès août 1914, et articulé à un « sentiment patriotique » très fort (de

---

[26] Cf. Thomas Mann, *Betrachtungen eines Unpolitischen,* Berlin, 1915.

[27] André Glucksmann, *Le Bien et le Mal. Lettres immorales d'Allemagne et de France*, Robert Laffont, Paris, 1997, p.89-90.

type néo-jacobin) ait aussi beaucoup influencé, après la défaite militaire allemande, en novembre 1918, les négociations et les décisions des pays vainqueurs, à Versailles, en 1919, débouchant sur le « Traité de Versailles », condamnant l'Allemagne au paiement de très lourdes réparations à l'égard de la France. Les historiens sont quasi unanimes quant au jugement que c'était surtout à cause de l'intransigeance de Georges Clemenceau, le « tigre », ayant adopté dès le début des négociations une attitude extrêmement dure à l'égard de l'Allemagne, que les clauses les plus dures et les plus « humiliantes » pour les Allemands y ont été décidées (très souvent contre la volonté expresse du président américain *Wilson* qui y voyait déjà – et l'histoire devrait malheureusement lui donner ultérieurement raison – les germes d'une future autre guerre entre la France et l'Allemagne)[28]. Mais c'était encore la même logique - celle souhaitant de mettre l'Allemagne, économiquement, à genou pour qu'elle ne puisse jamais plus agresser la France et d'autres pays ! – qui avait conduit la France de Clemenceau (pour qui l'Allemagne était l'ennemi n° 1 et le rival absolu, en Europe) à occuper en 1923 la zone industrielle de la Ruhr (en Rhénanie), en réaction au fait que l'Allemagne ne

[28] Ce point de vue était partagé en France, par une minorité d'intellectuels et de pacifistes, entre autres, par Romain Rolland et par Ferdinand *Buisson,* le grand moraliste *laïque* qui, en tant que président de la *Ligue des Droits de l'Homme* (de 1913 à 1926) avait, dans son remarquable discours prononcé à Berlin, en 1924, en s'inspirant de la formule de Wilson qu' « il n'y a pas de paix sans la justice ; qu'il n'y a pas de paix sans la réparation des injustices ; qu'il n'y a pas de réparation des injustices sans un tribunal d'une souveraine impartialité », proclamé, solennellement, qu'il faudrait enfin « substituer, tout simplement, le mot d'ordre – patriotique - de « l'union sacrée » par le mot d'ordre –internationaliste – de l'Union sacrée pour sauver l'Humanité ». (Cité d'après : *Un moraliste laïque. Ferdinand Buisson. Pages choisies,* précédées d'une introduction par C. Bouglé. Avant–Propos de Edouard Herriot, Félix Alcan, Paris, 1933, p. 150.)

pouvait plus lui verser les sommes énormes que la France exigeait, à titre de réparations, pour les dommages subis pendant la Première Guerre mondiale par l'armée allemande, selon les articles respectifs du « Traité de Versailles ». La résistance et la réprobation que cette attitude provoqua dans la population allemande, était bien entendu énormément exploitée par les nazis dont la campagne ultranationaliste marchait depuis 1921 essentiellement sur deux béquilles : (1) la dénonciation d'un imaginaire « complot juif » contre l'Allemagne et (2) la dénonciation, dans le cadre d'une campagne extrêmement gallophobe, du caractère « outrageant » et « humiliant » du « Traité de Versailles » imposé par la France au peuple allemand.

La tension politique ainsi maintenue entre les deux pays, au-delà de la guerre de 14-18, et pendant pratiquement toute la durée de la République de Weimar, a été sans nul doute un grand obstacle pour une « normalisation » des relations entre la France et l'Allemagne, dans la période entre les deux guerres, mais vers la fin des années vingt, une certaine détente a quand même été possible, notamment à cause de la diplomatie d'Aristide Briand, de la création des *Nations Unies* à Genève et d'une montée spectaculaire des forces pacifistes en France. (Cf. Henri Barbusse, Romain Rolland…) On pouvait même constater, dès le début des années 1930, l'émergence d'une certaine « germanophilie », en France, chez certains intellectuels, écrivains et professeurs, s'exprimant par exemple dans l'engouement de certains pour le romantisme allemand et la philosophie allemande. On pourrait citer par exemple l'intérêt du mouvement surréaliste pour « l'âme romantique et le rêve » (Albert Béguin) et celui pour le néo-kantisme allemand (par Brunsvicg) ou celui pour la philosophie de Schelling par V. Jankélévitch). On peut aussi penser à Jean-Paul Sartre qui, en 1931, voyage à Berlin pour étudier en profondeur, comme boursier de « L'Institut français », la phénoménologie de Husserl, avant de découvrir, quelques années pour tard (ce qui aura de grandes conséquences pour la rédaction de *L'Être et le Néant* (1943)), l'ontologie phénoménologique existentiale de Heidegger. Emmanuel Lévinas est pratiquement sur la même « longueur d'ondes » lorsqu'il publie, en 1932, son livre *Découvrir l'existant avec Husserl et Heidegger*. Et dans la figure de Maurice de Gandillac, qui ne perd pratiquement aucune occasion pour exprimer sa grande admiration pour la pensée allemande, émerge au même moment un grand médiateur entre la philosophie allemande et française se manifestant aussi dans le grand nombre de traductions de penseurs allemands contemporains (Max Scheler, Walter Benjamin, Ernst Bloch…) faites par ce grand professeur, décédé – centenaire - en 2006.

L'éclatement de la Seconde Guerre mondiale, en septembre 1939, et surtout l'occupation de la France par les armées hitlériennes, en juin 1940, a mis pourtant brutalement fin à toutes ces tentatives intellectuelles et autres de concilier et de rapprocher ces deux « peuples ennemis », même si certains intellectuels et écrivains d'extrême droite (Brasillach, Céline…), admirateurs de l'Allemagne et de l'Italie fascistes, basculent quasi « naturellement » dans la collaboration. Les atrocités commises par l'occupant nazi, notamment lors des représailles sanglantes et cruelles (dont seront victimes la population civile française), par exemple à Oradour-sur-Glane, en 1943, l'arrestation et la déportation des Juifs dans les camps de la mort (de 1942 à 1944), la terreur policière et les tortures infligées par la Gestapo aux Résistants, les exécutions massives de résistants (plus de mille résistants exécutés au Mont Valérien (entre février 1941 et août 1944) - tout cela ne pouvait que contribuer à ruiner davantage l'image d'une Allemagne, devenue, aux yeux de la majorité des Français et des pays victimes de l'occupation nazie, l'incarnation même de la *barbarie humaine*, de la violence fasciste[29] et du Mal. Bien entendu, les conséquences de cela pour l'image des Allemands, dans l'après-guerre, furent désastreuses. Ainsi, dans les toutes premières années qui suivirent la *Libération* (en août 1944), la *germanophobie* – comme expression légitime de la colère contre ce régime tyrannique nazi qui avait commis autant de crimes inimaginables contre l'humanité, par exemple l'assassinat de 6 millions de Juifs ! - était si grande, à Paris et dans pratiquement toutes les autres régions de France, que les quelques rares Allemands ou Autrichiens qui vivaient encore dans la capitale durent se cacher pour échapper au lynchage et ils durent aussi changer de nom.

Un exemple : Gerhard Horst, l'ami personnel de Sartre et le futur auteur du célèbre roman autobiographique *Le Traître*, installé à Paris depuis 1949, dût se servir, pour ses publications, de deux pseudonymes : Michel Bosquet et André Gorz, parce qu'il était à l'époque vraiment « impossible » de publier ses ouvrages sous un nom allemand. Il s'agit là, pourrait-on dire, malgré tout, d'une germanophobie plutôt « explicable » et « compréhensible », parce que réductible à *l'anti-fascisme.*

Simultanément, avec la réprobation de l'Allemagne comme responsable d'une guerre dévastatrice et barbare sans pareil qui avait coûté la vie à 55 millions de personnes (dont 27 millions de Russes), et responsable du génocide du peuple juif, est ainsi née, en France, en Hollande, en Pologne, en Tchécoslovaquie, en Serbie, en Grèce et en Russie et dans beaucoup d'autres pays, qui ont été les victimes de l'occupation et de la violence nazie, une germanophobie de type nouveau, à savoir une

---

[29] Cf. Enzo Traverso, *La Violence nazie*, La Fabrique, Paris, 1999.

germanophobie morale dont le représentant le plus typique, en France, était, incontestablement, le philosophe Vladimir *Jankélévitch* (1903-1985). Comme spécialiste de la philosophie allemande, il avait encore consacré sa première Thèse de doctorat en philosophie, en Sorbonne, à *L'odyssée de la conscience dans la dernière philosophie de Schelling*, mais Jankélévitch, devant l'horreur des révélations portant sur l'enfer des camps de concentration allemands et l'assassinat de six millions de juifs dans les chambres à gaz, à Auschwitz et ailleurs, refusera catégoriquement, dans l'après-guerre, de lire encore un livre ou une partition en allemand et de pardonner ces crimes. Pour lui il est impossible de pardonner aux Allemands parce que les *camps d'extermination* sont l'expression d'une horreur sans nom, parce qu'ils sont un génocide tel qu'il ne s'en est jamais pratiqué.[30] Partageant l'avis de Primo Lévi que l'ensemble du peuple allemand devrait lui aussi être considéré comme *coupable* et non pas seulement les bourreaux nazis qui ont froidement commis ces crimes, sans éprouver le moindre remords, Jankélévitch pousse pourtant pour ainsi dire la thèse (controversée) de la « culpabilité collective » des Allemands jusqu'à ses extrêmes limites et à son paroxysme, en affirmant que « pour un Allemand, ne pas être nazi n'est pas une excuse, d'une part parce qu'ils ont élu Hitler, d'autre part parce qu'ils l'ont laissé faire[31] ». « Un peuple entier a donc été, de près ou de loin, associé à l'entreprise de la gigantesque extermination ; un peuple unanimement groupé autour de son chef qu'il avait plébiscité avec frénésie, à qui il confirma tant de fois son adhésion enthousiaste, en qui ils se reconnaissent (...) Qu'un peuple aussi débonnaire ait pu devenir ce peuple de

[30] Vladimir Jankélévitch, *Pardonner ?* [1948], in *L'imprescriptible,* Le Seuil, Paris, 2003.
[31] *Ibid.*

chiens enragés (!), voilà un sujet inépuisable de perplexité et de stupéfaction. On nous reprochera de comparer ces malfaiteurs à des chiens ? Je l'avoue en effet : la comparaison est injurieuse pour les chiens. Des chiens n'auraient pas inventé les fours crématoires, ni pensé à faire des piqûres de phénol dans le cœur des petits enfants[32] ». Ce qui frappe dans ce jugement catégorique du professeur Jankélévitch, né à Bourges, fils de parents russes juifs, engagés dans la Résistance en 1940, avant de devenir, dans l'après-guerre, professeur de philosophie morale aux universités de Lille et de Paris-Sorbonne, c'est non seulement la violence inouïe de la condamnation morale sévère et impitoyable de l'Allemagne, c'est-à-dire de *tous les Allemands*, sans aucune distinction, pour les crimes contre l'humanité commis par les nazis, dans la période 1940-1945, et ce *pathos de l'indignation morale* jetant l'anathème sur tout un peuple (de 80 millions d'habitants) (dont seulement dix millions étaient des adhérents inscrits au parti nazi (NSDAP)), mais aussi l'ignorance, l'absence de prise en considération de certains faits historiquement absolument prouvés, relatifs au nazisme et son histoire, par exemple l'absence totale de prise en considération par l'auteur du livre *Pardonner ?* de l'existence d'une *résistance allemande contre le nazisme.* Or celle-ci, contrairement à ce qu'affirme Jankélévitch, a bien existé, même si elle n'a, évidemment, pas réussi à se transformer dans un grand mouvement de résistance populaire avec une adhésion significative des masses allemandes, embrigadées et manipulées par les dirigeants nazis, par un système répressif de fer et une propagande totalitaire étouffant d'office toutes les voix dissidentes. Or, il y avait le Cercle de résistants de Kreisau (*Kreisauer Kreis*), en Silésie, réunissant autour du comte (Graf)

---

[32] Vladimir Jankélévitch, *Pardonner ?* [1948], in *L'imprescriptible,* Le Seuil, Paris, 2003.

Helmut James von Moltke et le comte Peter Yorck von Wartenburg, des juristes, des sociaux-démocrates (comme Julius Leber et Carlo Mierendorff) et des démocrates-chrétiens (comme Gerstenmeier), tous opposés au régime hitlérien, mais aussi des officiers, des ecclésiastiques catholiques et protestants. (« Le cercle voyait dans le christianisme la précieuse force qui devait assurer un renouveau moral du peuple, surmonter la haine et le mensonge et permettre aux peuples de vivre ensemble dans la paix[33] ») ; il y avait les résistants étudiants du cercle de la « Rose blanche » (*Weisse Rose*), Sophie et Hans Scholl, à l'université de Munich (tous deux ont été condamnés à la décapitation pour avoir distribué, le 18 février 1943, un tract dénonçant la tyrannie nazie et appelant à la résistance, à une « guerre de libération »). Verdict prononcé par la Cour de Tribunal Populaire (Volksgerichtshof) fasciste, dirigée par l'avocat général nazi Freisler (un véritable monstre qui ne cessait d'insulter de la pire façon les accusés anti-fascistes pendant le procès) ; et il y avait les militaires oppositionnels qui, autour du colonel Stauffenberg, ont planifié et exécuté *l'attentat du 20 juillet 1944* contre Hitler, dans son Quartier Général en Prusse Orientale, à Rastenburg, qui a malheureusement échoué. Tous étaient Allemands. Comme le note à juste titre Philippe Meyer, ceux parmi eux qui au risque de leur vie ont aidé les Juifs à se cacher ou à émigrer étaient nombreux. « Il s'est agi d'Allemands de toutes origines et de toutes classes sociales ayant même des ressentiments inégaux contre le nazisme. Ils étaient dans leur vie civile travailleurs manuels, employés de bureau, intellectuels, commerçants, boutiquiers, sédentaires ou voyageurs, nobles, militaires, paysans et même prostituées (…). Leur comportement a été inspiré

---

[33] Philippe Meyer, *Ils étaient Allemands contre Hitler. (Préface de Susanne Wasum-Rainer)*, L'Âge d'Homme, Paris, 2015, p. 122.

par des motifs politiques, religieux ou humanitaires. Les raisons politiques furent l'appartenance au communisme, à la social-démocratie, mais aussi à un libéralisme conservateur. Beaucoup, mais pas tous savaient les risques qu'ils prenaient. La plupart ont fait le geste par idéal, mais quelques-uns, beaucoup plus rares, ont aussi agi par pur intérêt, financier ou autre. (…) L'aide à la fuite à l'étranger et à la dissimulation ont été fréquente ; ils impliquaient des changements d'identité, l'acquisition de faux papiers d'identité et la découverte de cachettes sûres. La plupart des sauvetages ont été organisés à partir de Berlin (…)[34] ». Dès décembre 1933, des pasteurs et certains dirigeants de l'Église Protestante allemande, par exemple le pasteur Martin Niemöller de Berlin-Dahlem, ainsi qu'un certain nombre de protestants groupés dans le courant de « L'Église confessante » (*Bekennende Kirche)*, avaient manifesté leur hostilité et leur opposition à l'égard du régime nazi. (Ce courant comptait, fin 1933, six mille pasteurs, soit plus d'un tiers des ecclésiastiques protestants.) Plusieurs parmi eux ont été arrêtés, internés et même assassinés dans les camps de concentration. Le pasteur Niemöller a été déporté, en 1937, au camp de Sachsenhausen, puis transféré en 1941 au camp de Dachau. Helmut Gollwitzer, pasteur à l'église Sainte-Anne de Berlin-Dahlem, aidait les juifs à émigrer et dut se réfugier en Suisse, pour échapper à l'arrestation par les nazis. Pour avoir pris part à la conspiration de Stauffenberg contre Hitler, le pasteur *Dietrich Bonhoeffer (1906-1945)* est arrêté en 1943 et emprisonné dans la prison de Tegel, avant d'être déporté en février 1945 au camp de concentration de Buchenwald (près de Weimar), puis au camp de Flossenbürg (en Bavière) où il sera exécuté le 9 avril 1945. En janvier 1934, 7 000 pasteurs regroupés autour de Martin Niemoeller avaient protesté

---

[34] *Op. cit.*, p. 84.

contre l'introduction du paragraphe « aryen » dans l'Union Protestante, qui prévoyait l'exclusion des pasteurs d'origine juive ou mariés à une juive. Du côté catholique, l'évêque de Münster, von Galen, entrait en résistance contre le régime nazi, en dénonçant publiquement, dans un sermon prononcé le 3 août 1941, à l'église Saint-Lambert, les pratiques d'euthanasie des nazis contre les malades mentaux. (Il avait déjà protesté en 1934 contre les propos d'Alfred Rosenberg, le grand théoricien du nazisme)[35]. Au cours des persécutions contre des catholiques hostiles au régime nazi, dès 1937, 306 prêtres catholiques ont été déportés au camp de concentration de Dachau ; 105 y moururent[36]. En tout, de 1933 à 1939, 220 000 personnes furent condamnés à des peines de prison et un million d'Allemands envoyés dans des camps de concentration[37] ; entre 1933 et 1944, plus de 11 000 condamnations à mort ont été prononcées par les tribunaux nazis, et jusqu'à la fin de la guerre, c'est-à-dire la capitulation inconditionnelle du régime nazi, le 8 mai 1945, 12 500 personnes ont été exécutées[38].

Quant à l'argument de Jankélévitch que les Allemands auraient « tous » « plébiscité Hitler », avec enthousiasme, et à toutes les occasions, on pourrait objecter que le 5 mars 1933, le parti nazi (NSDAP) avait certes obtenu, pour la première fois, la majorité des sièges au « Reichstag » (le Parlement Allemand, à Berlin), en devenant le premier parti, en obtenant 44% des voix (288 sièges), mais qu'il n'avait pas obtenu la majorité absolue, et que lors des élections parlementaires du 12 novembre 1933 (les toutes

---

[35] Cf. Philippe Meyer, *Op. cit.*, p. 66.

[36] *Op. cit.*, p. 67.

[37] Chiffres cités d'après Philippe Meyer, *Op. cit.*, p. 248.

[38] Cf. *Op. cit.*, p. 249. (Philippe Meyer s'appuie, lui, sur les chiffres cités par Günther Wiesenborn, dans son livre *Une Allemagne contre Hitler, préface : Alfred Grosser*, Paris, 1998).

dernières « élections » organisées, après l'arrivée d'Hitler au pouvoir), les nazis n'avaient obtenu la majorité absolue des sièges que suite à une gigantesque et honteuse *fraude électorale* au cours de laquelle les voix exprimées contre les nazis avaient été comptabilisées comme des voix en faveur du NSDAP. Ce n'étaient pas du tout des élections libres. Or, le 27 février 1933, les nazis avaient délibérément incendié le Reichstag, en attribuant ce fait criminel aux « communistes », pour permettre à Hitler de gouverner avec des *lois d'exception contre* lesquelles seuls les députés de la fraction *socialiste* du Reichstag ont voté tous, à l'unanimité, sauf ceux qui étaient déjà en prison ou en fuite. Un grand nombre parmi eux ont été arrêtés par la Gestapo et internés dans les camps de concentration, au cours des mois de mars, avril et mai 1933. Il est à préciser que le *non* contre la loi de pleins pouvoirs (*Ermächtigungsgesetz*), votée le 23 mars 1933, venait uniquement des 120 députés sociaux-démocrates (SPD), les 81 élus communistes avaient été auparavant privés de leur mandat par décret.[39] (Les premiers camps de concentration, créés en mars 1933 (Dachau...) étaient exclusivement réservés aux opposants allemands (communistes, socialistes, syndicalistes...) contre Hitler)). Selon les estimations, environ un million de personnes, opposants au régime nazi ont été arrêtées, de 1933 à 1939, et un autre demi-million pendant l'année 1944[40].

L'énumération de ces faits devrait a priori suffire pour mettre en doute et pour réfuter la thèse de V. Jankélévitch de la *culpabilité de tous les Allemands* durant l'époque du nazisme. N'est-ce pas insulter ces résistants et opposants allemands au nazisme qui mettant leur vie en danger ont fabriqué et distribué des tracts dénonçant la tyrannie nazie

---

[39] Cf. Alfred Grosser, *L'Allemagne de notre temps (1945-1970)*, Fayard, Paris, 1970, p. 26.
[40] Cf. Philippe Meyer, *Op. cit.*, p. 50.

et son chef paranoïaque (comme Sophie et Hans Scholl, à Munich) ou qui ont fabriqué des bombes visant Hitler, comme le menuisier Johann Georg Elser (1903-1945), originaire du Bade-Württemberg (Cons-tance), qui le 8 novembre 1938 avait placé une bombe à retardement à la brasserie « Bürgerbräu » de Munich, visitée par Hitler, où le « Führer », en présence d'autres grands représentants de la nomenklatura nazie, c'est-à-dire de Goebbels, de Heinrich Himmler et de Martin Bormann, avait prononcé un grand discours. Cette bombe, construite par Elser lui seul, dans la clandestinité absolue, aurait dû absolument tuer le tyran et son entourage, mais la fatalité avait voulu qu'elle explosa seulement 13 minutes après qu'Hitler et les siens aient quitté la brasserie, prématurément... Pour cet attentat manqué, Elser a été condamné à mort, après avoir subi d'horribles tortures, et exécuté à la prison de Plötzensee (près de Berlin), le 9 avril 1945). Ou bien Beate Klarsfeld[41] qui en tant qu'Allemande a eu le courage de dévoiler, avec des actions spectaculaires, dans l'après-guerre, le passé nazi de l'ex-chancelier Kiesinger et qui a, conjointement avec son mari Serge, organisé ensuite une véritable « chasse aux nazis » se cachant en Amérique Latine (Bolivie, Argentine, Chili), permettant, entre autres, de « rapatrier » Klaus Barbie, le « boucher de Lyon », et de le faire condamner à la prison à perpétuité, par un Tribunal français, en 1989, est-elle elle aussi « coupable », selon les termes choisis par Jankélévitch, seulement parce qu'elle est Allemande ?

Bien sûr, Jankélévitch a-t-il raison de dénoncer le génocide des Juifs commis par les nazis comme le « summum absolu » de l'horrible ! Il a raison de dénoncer la « normalité de l'horreur qui était à l'œuvre, dans les

[41] Cf. Beate et Serge Klarsfeld, *Mémoires*, Fayard, Paris, 2015 ; Cf. aussi : Beate Klarsfeld, *Kiesinger (Eine Dokumentation),* Préface de Heinrich Böll, Melzer, Darmstadt, 1969.

camps de la mort où les SS pratiquaient la torture sans la moindre haine », ainsi que l'organisation de l'Holocauste, « tranquillement, méticuleusement, avec une organisation réfléchie ». Il a raison de souligner que ce crime monstrueux commis contre l'humanité était « un crime contre l'essence même de l'homme », car « ce qui est visé dans la victime c'est son être même ». Les Juifs étaient persécutés parce qu'ils étaient Juifs. C'était leur existence qui leur était reprochée ! Il a raison de parler à ce propos de « méchanceté ontologique, absolue, diabolique dont le but était la négation de l'être ». Mais, pourrait-on dire, Jankélévitch n'a-t-il pas commis la grande erreur de vouloir appliquer, en l'inversant, sans s'en rendre compte, rationnellement, cette même « méchanceté ontologique » aux Allemands ? Car, comment pourrait-on sérieusement faire comprendre à un jeune Allemand de vingt ans, né trente ou quarante ans après la fin de la IIe Guerre mondiale, et n'ayant pas du tout connu le régime nazi, personnellement, venu visiter la France et sa capitale, dans les années 1980 ou 1990, qu'il est « coupable » d'un génocide, seulement parce que les générations précédentes, notamment celle de ses grands-parents, avaient probablement voté pour Hitler et son parti, en 1933 ? Juridiquement, ne peut être déclaré coupable et puni que quelqu'un qui a objectivement commis un crime ou un délit et s'il y a des preuves irréfutables de sa culpabilité. Comme cela n'est pas le cas de ces jeunes allemands, ils devraient selon toutes la règles et coutumes de l'État de droit, échapper à cette stigmatisation, même s'il est évident qu'il y a, à cause de l'horreur des crimes commis par les nazis au nom du peuple allemand contre les Juifs, incontestablement une sorte de *responsabilité collective* (morale) de tous les Allemands d'aujourd'hui pour ces faits de barbarie constituant le sommet absolu de l'inhumanité. Y a-t-il donc une exception ou une

« exceptionnalité » frappant exclusivement l'Allemagne, à cause du nazisme ? Malgré les réserves exprimées concernant la *culpabilité* de tous les Allemands, au sens juridique du terme, la réponse à ce questionnement ne peut être qu'affirmative, comme elle ne peut être également affirmative pour *l'État d'Israël* qui, comme on le sait, ne peut pas être considéré comme « un État comme les autres », puisque le lien de causalité entre sa création, en 1948, en Palestine, après la décision, prise en novembre 1947, par l'ONU, avec l'Holocauste n'est que trop évident, puisque ce sont les survivants du génocide des Juifs qui l'ont créé. L'Allemagne est évidemment – moralement- obligée de plaider en un sens, collectivement, « coupable » pour ces faits atroces, comme elle est aussi obligée de contribuer au travail de deuil et de mémoire, évoqué par Serge et Beate Klarsfeld et les fondateurs de la Fondation de la Mémoire de la Shoah[42], en 2000. Ces crimes ne sont apparemment pas « pardonnables » et il n'y a aucune prescription pour leurs auteurs et leurs complices. Mais en même temps, on pourrait aussi regretter, comme le fait par exemple Robert Misrahi, à propos de V. Jankélévitch, une trop grande « fixation » sur l'Allemagne par ceux qui, dans leur condamnation morale se laissent trop facilement aveugler et emporter par une sorte de « haine et de rejet de tout ce qui est allemand », leur interdisant toute différenciation, en oubliant que c'est aussi le peuple qui a produit un J.S Bach, un Goethe, un Beethoven, un Kant, un Hegel, un Nietzsche, un Marx…, de sorte qu'il n'est par conséquent ni juste ni possible de juger l'Allemagne tout entière, avec la richesse de sa culture littéraire, philosophique et musicale et son histoire mouvementée, exclusivement à partir d'Hitler et de la période fasciste (1933 – 1945). Or, à entendre les propos

---

[42] Cf. Beate et Serge Klarsfeld, *Mémoires*, Fayard-Flammarion , Paris, 2015, pp. 651-659.

germanophobes de certains commentateurs français d'événements sportifs internationaux, à la Télévision Française, par exemple lors d'un match de football opposant l'équipe de l'Allemagne à celle d'un autre pays européen, ou voir comment, lors des compétitions olympiques, le membre français d'un Jury international de juges des compétitions de patinage sur glace donne volontairement, et avec un cynisme incroyable, une mauvaise note à un couple allemand très performant, pour empêcher qu'il soit classé premier (il s'agit là de « bavures » qui sont, malheureusement, arrivées à plusieurs reprises et qui ont souvent provoqué l'indignation du public), cela prouve que ce type de ressentiment anti-allemand[43] « viscéral » n'est, malheureusement, pas un fait singulier et exceptionnel, dans la France contemporaine d'aujourd'hui, mais une triste réalité, si profondément ancrée, depuis environ un siècle, dans l'inconscient collectif national français qu'il peut, pratiquement à tout moment, reémerger et se remanifester, dès qu'une telle « occasion », par exemple celle des compétitions sportives internationales, s'y prête.

Or, la Déclaration de Maurice Schumann de mai 1950 (donnant naissance à l'Union de l'Acier et du Charbon), celle de Jean Monnet, rappelant la nécessité de mettre fin au conflit avec l'Allemagne, pour éviter une nouvelle guerre, les rencontres entre le Général de Gaulle et Adenauer, dans les années 1960, la visite du Général de Gaulle à Munich, en 1962 (où le chef d'État français, ovationné par une foule immense, rassemblée devant la

---

[43] A ce propos, je pense aussi à mon collègue allemand Rainer Rochlitz, décédé à l'âge de 56 ans, qui en tant que traducteur de Habermas, de Walter Benjamin et grand spécialiste de l'esthétique, a dû postuler sept fois (!) pour un poste de chercheur au CNRS, avant d'être enfin recruté, suite aux protestations et à la colère vive d'un membre de la commission, professeur en Sorbonne, résistant et porteur de la « Grande Croix de la Résistance. »

mairie de Munich, rendit hommage au « grand peuple allemand » (!)), avaient permis d'avancer, lentement, mais progressivement, dans cette voie de la réconciliation franco-allemande et ont même permis, avec la signature des Traités de l'Élysée, de jeter les fondements pour une « amitié franco-allemande » et une coopération politique, économique et culturelle qui jusque-là n'avait jamais existé. La « bonne entente », l'amitié personnelle et politique, à partir de l'année 1974, entre le président français Valéry Giscard d'Estaing et le chancelier allemand Helmut Schmidt (SPD) (1918-2015) avait aussi beaucoup contribué à approfondir cette coopération, en faisant de l'amitié franco-allemande le pilier et le noyau de la construction de l'Europe unie. Jamais les relations franco-allemandes n'avaient-elles connu une telle embellie, depuis la rencontre historique de Stresemann avec Aristide Briand. De même, la rencontre de François Mitterrand avec le chancelier Helmut Kohl, à Verdun, était faite pour sceller cette réconciliation, dans la « reconnaissance mutuelle et réciproque des souffrances » (Alfred Grosser) et dans un esprit européen.

La réunification de l'Allemagne, en octobre 1990, devait pourtant changer un peu la donne, vu que tout à coup et contre toute attente, l'Hexagone se trouvait alors de nouveau, à sa frontière Est, en face d'une nation comptant plus que 80 millions d'Allemands et disposant d'une puissance économique redoutable qui ne pouvait qu'irriter et inquiéter les Français. La visite « surprise » de François Mitterrand, en RDA, à Berlin-Est, en 1990, ainsi que l'insistance française, en tant qu'ancienne force d'occupation, sur la garantie de la frontière Oder-Neisse[44]

[44] Cette inquiétude était fondée, puisque jusqu'au moment de la signature du *Traité de réunification*, en 1990, *l'Union des Réfugiés* (Bund der Heimatvertriebenen), représentant les intérêts des « nostalgiques » de la Silésie, de la Poméranie orientale et de la Prusse-

avec la Pologne, lors des négociations sur la réunification, traduisaient bien cette inquiétude des dirigeants français (et probablement de toute la nation française) devant la montée en puissance de ce « géant économique » désormais unifié s'appelant « Allemagne ». À long terme, cela comportait bien le risque de réanimer, sous une forme ou une autre, cette ancienne animosité à l'égard de l'Allemagne que Konrad Adenauer, Giscard d'Estaing, Helmut Schmidt et Helmut Kohl avaient tenté d'enterrer, plus ou moins, définitivement, en faisant un grand effort moral et en voulant donner l'exemple à leurs peuples respectifs. Cependant, la montée constante, aux élections législatives, régionales et présidentielles, de l'extrême droite xénophobe (« Front National »), en France, à partir des années 1990, ainsi que la renaissance lente et constante d'un ressentiment anti-allemand, dans une partie de la gauche « patriotique » (chevènementistes, communistes....) et de l'extrême-gauche, à partir de l'an 2000, était à ce propos de mauvais augure, même si le FN affichait désormais avant tout *l'islamophobie* et non pas, du moins pas, officiellement, l'antisémitisme ou une quelconque « germanophobie ».

Il s'agissait alors de la montée en puissance d'une pensée politique « nationaliste », intolérante, franco-centriste à l'excès, accordant au principe de *l'identité nationale*, *culturelle* et *religieuse* française la priorité absolue et niant catégoriquement le principe de la « différence » et de « l'écoute de l'Autre ». C'est cet « identitarisme » qui risquait de devenir, surtout en des temps de crise économique (baisse de la croissance,

---

Orientale (régions attribuées à la Pologne, en fonction des décisions de la conférence de Yalta), s'était opposée à la reconnaissance de la ligne Oder-Neisse par l'Allemagne unifiée. (En effet, six millions d'Allemands avaient été contraints de quitter ces territoires, pendant l'hiver 1945-1946).

augmentation du chômage, de la pauvreté et de la précarité) une arme dangereuse utilisée par les populistes de l'extrême droite pour batailler soi-disant en faveur de la préservation absolue de « l'intérêt national ». À ce propos, le « Front National » de Jean-Marie Le Pen s'est en effet tristement distingué à stigmatiser systématiquement les immigrés d'origine arabe et aussi ceux de l'Europe de l'Est, accusés de « dumping » salarial. Mais, depuis la campagne pour la « Constitution Européenne » (2005), cette argumentation nationaliste et xénophobe a été complétée par un discours « souverainiste » visant non seulement l'euro, mais aussi les décisions et la compétence même des instances européennes et surtout le problème du *transfert des souverainetés* nationales qui a été, malheureusement, pour une grande partie, aussi repris par la gauche radicale, à savoir le « Front de Gauche » de Mélenchon. Et même une partie de la *gauche socialiste* (Arnaud Montebourg…) en a été influencée : la preuve qu'il est relativement facile de glisser, dans certaines conditions historiques, d'un « patriotisme républicain » (celui des socialistes et des communistes) vers un *souverainisme nationaliste* qui, après les changements de programme imposés par Marine Le Pen et M. Philippot, ces dernières années, au parti d'extrême droite, a même été complété par un discours « social », destiné à récupérer surtout une partie de l'ancien électorat communiste dans la classe ouvrière.

Évidemment, la vague de critiques qui a déferlé sur l'Allemagne, en 2011, avait-elle été déclenchée par le mécontentement d'une partie des élites françaises (très sensibles à ce discours souverainiste germanophobe en provenance de l'extrême droite et de l'extrême gauche), relative à la « désunion » du couple franco-allemand et à la frustration des Français à l'égard du veto allemand concernant la BCE et les « eurobons » que le gouvernement français de Nicolas Sarkozy aurait bien voulu utiliser pour remédier à la grave *crise de la dette* dans la zone euro. En restant inflexible sur cette question, Madame Merkel s'était en effet attiré les foudres non seulement de la part des gaullistes de droite (nationalistes), mais aussi et surtout de la part de la gauche radicale (Mélenchon) qui la comparait à Bismarck, en dénonçant le « diktat allemand ». Et Arnaud Montebourg qui avait été classé troisième, lors des Primaires socialistes, en 2011, pour les élections présidentielles, parlait à ce propos même d'une « politique [allemande] à la schlague » ! S'agissait-il d'une « fuite des socialistes dans la germanophobie » (F. Fillon) ? Depuis, incontestablement, la gauche radicale, dont une partie se dit pourtant « internationaliste », n'a cessé d'amplifier ses critiques à l'égard de l'Allemagne, accusée de se comporter comme une *force hégémonique* en Europe et d'abuser de cette force et de son influence importante auprès des instances européennes pour imposer le « modèle néo-libéral allemand ». C'est la preuve que, irrités par la montée en puissance économique et politique de l'Allemagne, après l'introduction de l'euro, en l'an 2000, *l'euroscepticisme* et le *germano-sceptisme* ont pu gagner de larges secteurs de la gauche, en France ; mais il ont gagné non seulement la *gauche de la gauche,* mais aussi, hélas, une partie du *Parti Socialiste*, de sorte que le bloc des eurosceptiques constitue désormais dans l'hexagone une sorte d'alliance presque tacite, exclusivement au niveau de l'europhobie et de la germanophobie, allant d'un « Front National » (soi-disant « dés-antisémitisé », selon les vœux de ses nouveaux dirigeants) jusqu'au « Front de Gauche ». Et ce bloc est maintenant, surtout depuis la crise de la dette grecque, plus grand et, malheureusement, aussi plus influent sur l'opinion publique française que le bloc des « pro-Européens » qui n'a presque plus aucune audience, mise à part l'existence toujours réelle d'une fraction de pro-Européens chez les socialistes et chez les républicains. (Le « Parti Européen » de Jean-Marie Cavada n'est qu'un courant très minoritaire au sein même de la famille de la droite). Cela prouve qu'encore vingt-cinq ans après l'unification de l'Allemagne, l'Allemagne est toujours a priori perçue, aujourd'hui, par la majorité de la population française (qui, pourtant, selon tous les sondages, ne souhaite pas du tout une nouvelle guerre avec l'Allemagne), comme un voisin « difficile » voire un concurrent économique redoutable, face auquel la France, étant toujours une plus grande puissance politique, dotée même de l'arme nucléaire (à laquelle l'Allemagne a volontairement renoncée) serait presque un pays « sous-industrialisé ». Il est évident que l'ensemble de ces « griefs », exprimés à l'égard d'un voisin devenu « trop grand, trop influent, trop puissant, industriellement », ne pouvait que favoriser la renaissance, la recrudescence d'un ressentiment anti-allemand, en France, de toute façon, d'une nouvelle « peur de l'Allemagne » (qui s'était d'ailleurs déjà manifestée, lors du refus par l'Assemblée Nationale française, en 1954, de l'Union de Défense européenne (UDE), où communistes et gaullistes ont voté ensemble pour empêcher le réarmement de l'Allemagne, prévu par ce traité).

Bien entendu, le reproche pourrait être fait à ce propos et à la France et à l'Angleterre (qui ne participe pas à l'Union monétaire européenne et qui risque même de quitter l'UE, si le référendum annoncé par M. Cameron a effectivement lieu, en 2016-17) de se réfugier toujours trop facilement dans l'attitude de « l'égoïsme national », dans le « franco-centrisme » ou dans « l'anglocentrisme », en faisant de la « préférence nationale » la principale règle de sa conduite, en Europe et dans le monde, en subissant toujours, au nom des traditions républicaines de l'État national (en France) ou d'une certaine nostalgie de l'Empire colonial (British Empire, Commonwealth) la forte tentation de s'isoler, en tournant le dos à une Europe qui pourtant n'a cessé de progresser, depuis le *Traité de Rome*, en s'élargissant à *vingt-huit nations*, et en se dotant de puissantes institutions, par exemple le Parlement Européen, la Cour de Justice Européenne ou la Commission Européenne. Ce processus de construction et d'élargissement de l'Union est pourtant irréversible, malgré tous les obstacles qui ont émergé ces derniers temps, surtout à cause de la crise grecque. Or, la critique pourrait être adressée à ce propos à une partie de la gauche française d'avoir manqué de combattre offensivement, dans « l'esprit européen », l'euroscepticisme de l'extrême droite (et de la gauche radicale), en défendant le *projet européen* d'une *Fédération d'États à la souveraineté partagée* et d'une Union non seulement monétaire, mais principalement engagée pour le *respect des droits de l'homme et de la dignité humaine*. Il s'agit de substituer, à court ou à long terme, le patriotisme jacobin républicain français (avec son attachement traditionnel à l'État national, au centralisme et à l'hégémonisme de la langue française (avec son mépris pour les langues régionales, etc.) par un « patriotisme cosmopolitique constitutionnel supra-national » (Jürgen Habermas) qui servira de « ciment » idéologique pour cette fédération des États européens.

IV.
LA SOLIDITÉ DU COUPLE FRANCO-ALLEMAND.

Comme le souligne, entre autres, Alfred Grosser, dans son livre *L'Allemagne de notre temps*[45] (qui est sans nul doute, à cause de la richesse de sa documentation et des ses analyses politiques et socio-historiques, de loin le meilleur livre sur l'Allemagne, spécialement écrit pour les Français désirant s'informer sur leur voisin), malgré tous les revers subis, « l'amélioration du climat franco-allemand au cours des années 1960 a eu des causes multiples : règlement de conflits particuliers, lenteur du réarmement allemand, progrès de l'organisation européenne, normalisation des rapports diplomatiques, qui ont fini par atteindre une cordialité sans précédent, apaisement des opinions publiques absorbées par d'autres préoccupations, qu'elles aient pour nom réunification ou Algérie (...). Dans à peu près tous les domaines de la vie publique (...), la République fédérale et la France ont vu les militants et les dirigeants entretenir des relations plus organisées et plus régulières qu'avec n'importe quel autre pays ».[46]

Il y avait cependant encore un obstacle majeur à surmonter : le conflit sarrois. C'était le conflit non résolu qui risquait même, s'il n'était pas résolu, de compromettre, à court ou à long terme, l'amélioration sensible du climat franco-allemand entamée dès le début des années 1950.

---

[46] Alfred Grosser, *L'Allemagne de notre temps,* Fayard, Paris, 1970, p. 551.

Après avoir choisi, majoritairement, le rattachement à l'Allemagne, par référendum, en 1935, la Sarre avait été occupée par la France, après la capitulation du IIIe Reich, en 1945, et dotée d'un gouverneur français et d'un gouvernement local de collaboration avec la France, dirigée par M. Hoffmann. Cela permettait à la France d'exploiter à ses fins les riches mines de charbon du pays et surtout d'alimenter la capitale (Paris) en charbon. Il s'agissait de facto presque d'une « annexion », sous couvert du statut d'occupation française. Mais l'aspiration de la population sarroise (allemande), souffrant plus de l'occupation française que d'autres régions, de retourner à l'Allemagne restait invincible. Pour maintenir la Sarre dans la zone d'hégémonie française et sous contrôle politique français, les gouvernements français successifs jouèrent la carte d'un « statut européen » pour la Sarre. « De 1952 à 1954, les crises et les accalmies vont se succéder. Le Bundestag affirme solennellement que la Sarre est allemande et, au Conseil de l'Europe, la République Fédérale proteste contre « la violation des libertés publiques » en Sarre. En effet, aux élections législatives sarroises du 30 novembre 1952, les partis favorables au retour à l'Allemagne ne sont toujours pas autorisés (…). À partir du 6 janvier 1953, par une déclaration de René Mayer, président du Conseil, à l'Assemblée Nationale, l'existence d'un *statut européen* de la Sarre devient un « préalable » à la ratification de la CED. Mais les négociations franco-allemandes vont d'échec en échec, malgré l'élaboration d'une solution de compromis par le rapporteur néerlandais au Conseil de l'Europe. (…). Après le rejet de la CED, le chancelier [Adenauer] et M. Mendès France finissent par signer, le 23 octobre 1954, un statut européen dans le cadre de l'Union de l'Europe occidentale[47] ».

[47] A. Grosser, *Op.cit.*, p. 552.

Or, ce « statut européen » sera rejeté par la population de la Sarre, par référendum, le 23 octobre 1955, suite à un véritable « déchaînement nationaliste » (Alfred Grosser). À ce référendum, 67,7% des votants avaient répondu « non ». Le 5 juin 1956, le chancelier (Adenauer) et M. Guy Mollet arrivent finalement à un accord qui devient le *Traité de Luxembourg* du 27 octobre 1956. « La Sarre sera politiquement rattachée à la République fédérale, le 1er janvier 1957, tandis que, sur le plan économique, une période transitoire est prévue. La République fédérale accepte la canalisation de la Moselle réclamée par la France qui obtient en outre largement satisfaction pour le charbon de la Warndt, objet essentiel du litige économique[48] ».

Il est incontestable que ce règlement du litige de la Sarre a permis, comme le souligne Alfred Grosser, que « les relations entre les deux pays demeuraient excellentes, au niveau politique comme au niveau économique ; car au niveau des échanges commerciaux, « la France et la République fédérale devenaient chacune le principal client et le principal fournisseur du partenaire[49] ».

La rencontre cordiale d'Adenauer et de De Gaulle, à Colombey-les-deux-églises, le 14 septembre 1958, le voyage triomphal du général de Gaulle en Allemagne, de Munich à Hambourg, en septembre 1962, et la signature du Traité franco-allemand, à l'Élysée, le 22 janvier 1963, ainsi que la création, en juillet 1963, de *l'Office Franco-allemand pour la jeunesse*, étaient les étapes suivantes élargissant et consolidant davantage cette bonne coopération politique et économique franco-allemande. (En effet, les *Traités de Rome* (du 25 mars 1957) avaient bien préparé le terrain et la naissance d'un véritable « esprit communautaire européen », du moins chez les

---

[48] A . Grosser, *op. cit.*, p. 552.
[49] A. Grosser, *op. cit.*, p. 554.

hommes politiques, les diplomates, les hauts fonctionnaires…).

Il est incontestable que par tous ces faits et par la solution honorable de la crise de la Sarre, en 1956, le couple franco-allemand avait fait ses preuves et s'était consolidé, jusqu'à devenir, au courant des années 1960-1970, le véritable socle de l'Union Européenne, qu'il est resté jusqu'à nos jours. Il est donc illusoire de vouloir nier ces faits et de vouloir mettre en cause, par exemple, au nom d'un « souverainisme populiste » (alimenté par un vieux ressentiment anti-allemand) cette alliance productive et positive, même si celle-ci a été de temps en temps soumise à des épreuves difficiles, à cause de tel ou tel « désaccord entre amis ». Malgré ces désaccords, concernant par exemple l'attitude à l'égard de la Grèce (où l'Allemagne de Madame Merkel avait évidemment adopté une attitude trop dure) rien ne justifiera, comme le soulignait aussi à juste titre le président français François Hollande, à « toucher au couple franco-allemand » et à « l'amitié franco-allemande », qui depuis soixante-dix ans, se sont avérés être le meilleur garant de la sécurité et de la paix en Europe.

Le point « noir » demeure cependant le problème que malgré ces progrès considérables dans les relations diplomatiques, économiques, politiques et culturelles entre la France et l'Allemagne (la République fédérale), qui ont connu une véritable embellie, après l'élection de Valéry Giscard d'Estaing comme Président de la République, et l'amitié personnelle qui le liait à l'ex-chancelier social-démocrate Helmut Schmidt, cette réconciliation franco-allemande est restée une affaire quasi exclusive des *élites politiques.* Le peuple et la grande masse de la population n'y participaient pas réellement. Cela n'a, malheureusement, pas permis aux Français, dans leur grande majorité, de connaître de plus près leur voisin de l'Est et de dialoguer avec ses habitants. La raison principale est sans nul doute due non seulement au problème du passé nazi de l'Allemagne, mais aussi celui de la *langue*. La négligence de l'enseignement des langues étrangères modernes (y compris l'allemand et l'italien) et la priorité donnée par l'Éducation nationale et par la plupart des Français - à l'anglais et à l'espagnol a vite fait de l'allemand le parent pauvre de l'enseignement secondaire ; et, depuis la réunification, on a même pu constater une régression progressive et constante des inscriptions pour l'option « allemand » dans les lycées. Simultanément, le nombre des étudiants inscrits aux départements d'allemand des universités françaises a également continuellement diminué, déjà depuis les années 1985, pour atteindre un minimum absolu vers l'an 2000 et dans la période 2000-2010, si bien que certains départements d'Allemands dans certaines universités françaises ont même dû être fermés. Malgré tous les efforts entrepris par la politique, malgré l'institution de consultations ministérielles franco-allemandes régulières, depuis les années 1970, malgré la détente visible des rapports politiques franco-allemands, après la solution de la crise de la Sarre, malgré tous les efforts déployés par *l'Office Franco-allemand* de la jeunesse, organisant des échanges franco-allemands entre les familles françaises et allemandes, les Français, en grande majorité, continuaient de ne pas apprendre l'allemand, de tourner le dos à l'Allemagne et préféraient passer leurs vacances non pas outre-Rhin, mais plutôt en Espagne ou en Italie. André Glucksmann, en tant qu'observateur lucide de l'évolution des rapports franco-allemands, dans les années 1980 et 1990, a bien perçu et décrit ce paradoxe, en soulignant que « jamais la France et l'Allemagne ne furent économiquement si proches, jamais elles ne furent si culturellement lointaines. Leur vie matérielle tourne à la symbiose. Chacune est la cliente de l'autre. Elles s'expédient produits et touristes, elles permutent projets et prévisions. Elles fusionnent les marchés et construisent la monnaie unique. Mais *spirituellement* elles ne s'entendent pas. Elles se parlent de moins en moins, sinon dans une langue tierce réduite au sabir[50]». Même constat chez Joseph Rovan, grand spécialiste d'Allemagne qui, à l'instar d'Alfred Grosser, ne cesse de déplorer que « bien que l'Allemagne soit depuis plus de vingt ans notre alliée politique et militaire, les Français dans leur grande majorité l'ignorent ou l'imaginent autre qu'elle n'est. Et malgré les nombreux échanges, il n'en reste pas moins vrai que l'Allemagne voisine déconcerte, irrite et inquiète beaucoup les Français[51] ». Alfred Grosser, lui, est encore plus clair et direct dans le constat amer de cet échec, en déplorant, dans un article publié dans *Le Monde*, en 1977, que « l'antigermanisme (…) tient une grande place dans le fonctionnement de notre vie politique ». Comme le souligne à juste titre Marie-Agnès Monta-Clément (cité par A. Glucksmann), cet anti-germanisme a un fondement dans « notre mémoire sélective [qui] joue un grand rôle dans les mécanismes de l'antigermanisme », car, si on évoque les crimes allemands, on passe soigneusement sous silence les crimes français (…). Si la seule Allemagne vraiment présente sur nos écrans de télévision, c'est celle de l'Occupation, c'est que l'évocation de la période de guerre a une vertu majeure : elle permet à tous les Français de s'identifier rétrospectivement aux héroïques résistants et d'éviter ainsi conflits et débats politiques[52] ».

---

[50] André Glucksmann, *Le Bien et le Mal. Lettres immorales d'Allemagne et de France*, Robert Laffont, Paris, 1997, p.23-24.

[51] Cité d'après A. Glucksmann, *Op. cit.*, p. 24.

[52] Marie-Agnès Monta-Clément, *L'Image de l'Allemagne dans le roman français de 1945 à nos jours*, Presses universitaires de Nagoya, 1985.

Cet antigermanisme, ce « désamour » a non seulement ses origines et causes dans la persistance d'un ressentiment anti-allemand traditionnel (plus ou moins avoué, plus ou moins refoulé), ancré dans le souvenir historique de trois guerres avec l'Allemagne, au 19e et au 20e siècle, mais aussi dans le fait que l'allemand est considérée en général, par les Français, à l'exception peut-être de quelques rares germanistes, comme une « langue trop difficile », trop « agglutinante », étant « trop difficile à prononcer », et ayant aussi une grammaire trop difficile, notamment à cause de ses interminables anticipations du génitif. Presque impossible donc de colmater ce hiatus et de réconcilier, dans la conscience collective française, cette différence entre la rationalité logique d'une langue latine, comme le français et le côté « baroque », « mystique » et « romantique » de la langue allemande. Nul autre n'a mieux analysé cette différence, du point de vue linguistique, entre cette langue « culinaire » qu'est le français et cette langue « barbare » qu'est l'allemand, que Heinz Wismann, dans son remarquable livre *Penser entre les langues* où l'on peut lire :

« Tous les mots du français ont, me semble-t-il, un caractère de mets cuisiné. Un certain goût s'est attaché à ces mots par l'usage qui en a été fait, et ces mots n'ont plus la fonction qu'ils peuvent avoir dans les langues primitives. L'allemand, en ce sens, est une langue plus primitive que le français, car il désigne sans équivoque la chose. On trouve infiniment plus de verbes pour qualifier les bruits en allemand, infiniment plus d'adjectifs pour introduire des nuances, d'autant que la syntaxe, on l'a vu, est très différente. La syntaxe française est réduite à pas grand-chose, alors que la syntaxe allemande est d'une rigueur absolue. En réalité, dans la mesure où les mots du lexique sont des mots cuits, cuisinés, c'est entre connaisseurs qu'on les échange (…). Comme langue, l'allemand est destiné à autre chose. C'est la raison pour laquelle on peut dire que l'allemand est une langue brutale : elle est simplement explicite. Le français est une langue allusive ; on dit « plus ou moins ». Racine utilise mille cinq cents mots au maximum, et le mot « ardeur » ; par exemple, recouvre une multiplicité de significations différentes. Un Allemand cultivé utilise à mon avis entre trois et cinq fois plus de mots que ceux utilisés par le français, mais il n'est pas bon d'être allemand pour un diplomate[53] ». En bref, le français est a priori une « langue de connivence », tandis que l'Allemand, ce que regrettait déjà Madame de Staël, dans son livre *De l'Allemagne*, comme le souligne H. Wismann, n'est pas une langue facilitant la conversation. « Plus généralement, l'esprit qu'encourage cette langue [l'allemand] est le principe d'action, tandis que c'est celui de spatialité qui prédomine en France[54] ». Tandis que pour la genèse du français « classique », le rôle de la cour de Versailles et de la royauté a été déterminante (la langue de cette cour avait aussi son corollaire, au XVIIe-XVIIIe siècle, dans une « musique de cour » (Jean-Philippe Rameau, Jean-Baptiste Lully, Marc-Antoine Charpentier)), l'allemand « classique » a – nuance !- ses origines dans la langue de la traduction de la Bible en allemand par Martin Luther. C'est ce dispositif langagier-rhétorique qui est mis en œuvre par les écrivains et philosophes de langue allemande, dès le XVIIe siècle.

Quoi qu'il en soit, il est évident qu'un rapprochement entre les peuples, au-delà des accords intergouvernementaux et européens, conclus par les politiques, qui sont très en avance sur les mentalités (respectives) des populations concernées, n'est possible, et

[53] Heinz Wismann, *Penser entre les langues*, Albin Michel, 2012, p. 80-81.
[54] Heinz Wismann, *op. cit.*, p. 83.

cela vaut particulièrement pour les rapports entre la France et l'Allemagne, que si les Français se mettent vraiment un jour à *apprendre et à parler la langue de leur voisin*, ce qui présupposerait l'abandon (progressif) d'une attitude - évidemment trop nombriliste – de la préservation d'un esprit de supériorité de la *langue de Molière* sur les langues germaniques et les autres langues du monde, qui continue toujours à justifier, contre toute logique, ce *refus obstiné* d'apprendre des langues étrangères classées « difficiles », par exemple l'Allemand….

IV.
LA CONTROVERSE SUR « L'EUROPE ALLEMANDE ». QU'EST-CE QUE LE MERKIAVELISME ?

Dans sa polémique contre l'Allemagne d'Angela Merkel, accusée de diriger l'Europe, en voulant lui imposer à tout prix le « modèle allemand », J.-L. Mélenchon cite, entre autres, comme « témoin » le sociologue allemand Ulrich Beck, décédé en janvier 2015 à Munich, à l'âge de 70 ans, auteur, entre autres, d'un ouvrage intitulé *Das deutsche Europa* (Suhrkamp, 2010), qui a été traduit et publié en français, chez « Autrement » (2013), avec une préface de Daniel Cohn-Bendit, sous le titre (modifiant l'intitulé originel) *Contre l'Europe allemande.* Or Beck est plutôt un mauvais témoin pour Mélenchon ; un mauvais témoin, parce qu'il est décidément *européen,* hostile au *souverainisme* national et partisan, comme Jürgen Habermas, d'un *cosmopolitisme européen constitutionnel,* dans le cadre d'une fédération européenne d'États *post-nationaux.* Il est absolument opposé, comme Habermas, au *souverainisme* (de droite et de gauche). Il s'est fait connaître par la publication en 1986 du livre *La société du risque* (Die Risiko-gesellschaft), publié peu de temps après la catastrophe nucléaire de Tchernobyl, et révélant l'instabilité et la nature à risque de nos sociétés démocratiques occidentales, fondées sur une économie capitaliste, libérale et un système politique parlementaire pluraliste de la représentativité indirecte. Pour Beck, le « risque » caractérisant notre société est désormais plus qu'une menace : il est devenu toute la mesure de notre action. À une logique de la répartition des richesses, c'est une des thèses du livre, a succédé une logique de la répartition des risques. Comme partisan d'une Europe « post-nationale » citoyenne et cosmopolite, démocratiquement rénovée, opposant l'idée d'une démocratie *citoyenne* de base aux formes de pouvoir technocratique, Beck s'est aussi efforcé, dans son livre *Das deutsche Europe (L'Europe allemande)*, de cerner le phénomène du « merkiavélisme » (produit apparemment d'une synthèse entre Merkel et Machiavel), en critiquant aussi la méthode de gouvernement de la chancelière : « l'hésitation, son penchant pour ne pas agir, sa propension à tergiverser[55] ».

Selon lui, ce qui prime pour Angela Merkel, ce n'est pas d'aider les pays endettés : elle veut avant tout gagner l'élection en Allemagne. Et pour cela, elle doit protéger « l'argent allemand » afin de maintenir la compétitivité du pays sur les marchés internationaux, et, éventuellement, dans le même mouvement sauver l'Europe. En conséquence, Merkel mènerait une politique intérieure européenne qui est utile avant tout à la conservation du pouvoir dans son pays[56]. Selon Ulrich Beck, la principale caractéristique du « merkiavélisme » est que, quand il est question d'apporter une aide financière aux États endettés, elle préférerait la formule ambiguë du « mouais » à un « oui » ou à un « non » franc et clair[57]. L'art de l'hésitation - comme principe -, ce mélange d'indifférence, de refus de l'Europe et d'engagement européen, expliquerait donc la position dominante de l'Allemagne dans une Europe prise dans les turbulences de la crise.

L'hésitation comme tactique d'apprivoisement, c'est la méthode « Merkiavel[58] », conclut-il. Évidemment, Jean-

---

[55] Ulrich Beck, *L'Europe allemande,* Autrement, Paris, 2013, p. 99.
[56] Ulrich Beck, o*p. cit*., p. 90.
[57] Ulrich Beck, o*p. cit*., p. 92.
[58] Ulrich Beck, *op.cit.*, p. 92

Luc Mélenchon s'est servi de ces analyses critiques d'Ulrich Beck pour mettre les citoyens français en garde contre « l'hégémonisme allemand », menaçant soi-disant l'Europe tout entière, mais sans tenir compte du fait qu'il s'agit là plutôt d'une ascension purement économique de l'Allemagne, sans aucune volonté d'imposer politiquement ou militairement sa propre volonté à d'autres États[59]. C'est la raison pour laquelle, selon Beck, l'évocation du « Quatrième Reich » (Das Vierte Reich) est absurde. « Le potentiel de pression dont elle dispose n'est pas issu de la logique de guerre, mais de la logique du risque et, plus précisément, de la menace d'effondrement économique. La stratégie du refus (…), ce *non* utilisé sous des formes multiples, est le levier central de la puissance économique allemande dans l'Europe du risque financier[60] ». En pratiquant sa politique d'austérité et un néo-libéralisme brutal vis-à-vis de l'extérieur (cf. sa gestion de la crise grecque !) et, simultanément, « un consensus teinté de social-démocratie à l'intérieur[61] », Madame Merkel, argue Mélenchon, ferait donc figure de « bonne élève de Machiavel » dont le cynisme s'exprimerait entre autres dans la leçon qui nous est faite dans *Le Prince* qu'« il est beaucoup plus sûr d'être craint qu'aimé, quand on doit manquer de l'un des deux[62] ». Voilà la « maîtresse » allemande brandissant sa « férule » ! Le grand mérite du livre de Beck est cependant, incontestablement, d'avoir bien mis en garde, dans ce contexte précis, contre le danger de l'émergence d'un *nouveau nationalisme*, comme produit direct du fait que l'économie allemande continue de prospérer tandis

---

[59] Ulrich Beck, *op. cit.*, p. 93.
[60] Ulrich Beck, *op. cit.*, p. 93-94.
[61] Ulrich Beck, *op. cit.*, p. 95.
[62] Machiavel, *Le Prince* (*1513*) *Œuvres Complètes,* Gallimard, Pléiade, 1952.

que les autres pays (Portugal, Espagne, Italie, Grèce, Irlande….) sombrent toujours plus profondément dans la dette. Il est indéniable qu'ainsi soit né, en Allemagne, après la réunification, une « nouvelle fierté nationale », construite autour de la connaissance de ses propres performances de la réussite économique de l'Allemagne, devenue si puissante qu'elle est de plus en plus tentée aussi de donner des leçons à ses voisins et surtout aux populations du Sud de l'Europe, réputées « paresseuses », « dépensières », « non épargnantes » et beaucoup moins performantes. Il s'agit ici, comme le souligne à juste titre Ulrich Beck, en effet d'un *nouveau nationalisme*, à savoir celui du « nous sommes redevenus importants » (Wir sind wieder wer)[63], « nous sommes la première puissance économique de l'Europe[64] ».

Il est évident que la nouvelle *germanophobie* qui a gagné la presque totalité des pays du Sud de l'Europe - et surtout la Grèce – est réactive ; elle est la réaction directe de ces peuples et nations, beaucoup plus durement touchés

---

[63] Ulrich Beck, o*p. cit.*, p. 102.

[64] Ce *nationalisme* caractérise surtout la mentalité de la nouvelle *extrême droite allemande* qui, après l'attentat de Paris du 7 janvier 2015, commis par des islamistes radicaux, a considérablement renforcé ses positions. Ses principales organisations, connues pour leur intolérance et leurs violences contre les immigrés, y compris contre les nombreux réfugiés arrivant du Balkan, dont les résidences ont été incendiées, sont : l'AFD. (Aktion für Deutschland) (Action pour l'Allemagne) (parti ayant *un seul député* européen), le parti PEGIDA (Patriotes Européens contre l'islamisation de l'Occident) (fondé en janvier 2015) et le NPD (Parti national-démocrate) (menacé d'interdiction par la Cour Constitutionnelle Fédérale de Karlsruhe). (De ces trois partis d'extrême-droite, seul l'AFD et le NPD ont quelques élus locaux au niveau des länder, essentiellement, dans l'Est de l'Allemagne (Saxe), mais ils n'ont aucun élu dans le Parlement Fédéral (Bundestag) de Berlin, puisqu'ils sont restés tous au-dessous de la barre électorale de 5% qui est de rigueur à toutes les élections en Allemagne. (Selon les tous derniers sondages (décembre 2015), le parti A.F.D. obtiendrait 9 % aux prochaines élections, en Allemagne.)

des effets désastreux de la crise de la dette que les pays du centre et du Nord de l'Europe, à cette nouvelle « fierté d'être allemand », à cette nouvelle monstration d'une *domination économique,* liée à l'idéologie politique de la *mondialisation néo-libérale.* Elle se nourrit de la crainte des peuples du Sud de l'Europe d'être toujours plus dominés par cette puissance économique ayant de plus en plus de poids sur les décisions *européennes* et de *l'angoisse* de devoir subir des conditions de plus en plus draconiennes, anti-sociales et même humiliantes, notamment dans le cadre des mesures de remboursement imposées par la troïka, c'est-à-dire par les créanciers internationaux, le FMI et la BCE de Francfort ainsi que par la Commission européenne et l'Eurogroupe, où les « experts » allemands ne sont certes pas majoritaires, mais où ils ont, incontestablement, une influence assez grande sur les décisions. Les réactions violentes en Grèce de l'année 2014, allant jusqu'à la caricature de la chancelière, pour sa politique de rigueur et d'austérité, en la présentant en uniforme nazie, dans les rues d'Athènes, coiffée d'un casque de l'époque de l'empereur Guillaume II, confirment par excellence le fait comment cette *crainte d'une nouvelle Allemagne forte et puissante,* mêlée aux mauvais souvenirs collectifs du fascisme hitlérien et de l'occupation allemande de la Grèce en 1943, peut dégénérer, sous la pression de plus en plus forte d'une population exaspérée, en une germanophobie haineuse, construite, du moins pour une partie, sur un ressentiment anti-allemand, pourtant historiquement explicable et compréhensible, et toujours présent en Grèce, depuis 1943 ; et cela, malgré le « contre-poids » historique pro-allemand qui existait aussi, en Grèce, sous la forme de liens très étroits de la monarchie grecque avec la monarchie et l'aristocratie allemande, notamment avec la maison « Wittelsbach » de Bavière, ce qui explique aussi pourquoi les couleurs du drapeau national grec (« bleu » et « blanc ») sont exactement les mêmes que celles de « l'État libre » (Freistaat) de Bavière.

À ce ressentiment se mêle aussi, incontestablement, la jalousie des autres pays de l'Europe, face au « miracle allemand », miracle qui s'exprime entre autres dans le fait que l'Allemagne, comme le souligne U. Beck, avait, ces dernières années, un taux de croissance économique deux fois plus élevé que la moyenne européenne et qu'outre-Rhin le chômage a diminué de moitié et celui des jeunes a même baissé d'un tiers[65]. C'était, pour l'essentiel, le résultat des réformes mises en œuvre par le chancelier Schröder et sa coalition rouge-verte (1998-2005), dans le cadre de « l'Agenda 2010 », qui comportait une baisse significative des charges patronales, des encouragements fiscaux importants pour les petites et moyennes entreprises et – cela est cependant le point le plus controversé – la création d'un large secteur de *mini-jobs* mal rémunérés, mais qui ont efficacement contribué à baisser le chômage. En formant, en 2009, après un gouvernement de grande coalition(CDU-SPD) (2005-2009), un gouvernement avec les libéraux, Madame Merkel a tout simplement continué à appliquer sa politique « libérale- sociale », mais en l'infléchissant de plus en plus vers le néo-libéralisme et vers une politique de *rigueur budgétaire* qui a été aussi douloureuse pour la population allemande tout entière, dans la mesure où ces mesures de rigueur comportaient aussi des coupures économiques drastiques, par exemple, dans le budget des infrastructures (des routes, des services, des hôpitaux, des crèches,etc). L'absence d'un salaire minimum (SMIG) se faisait aussi durement sentir dans le secteur du travail. (Ce n'est qu'en janvier 2015 que le gouvernement de la grande coalition CDU/CSU/SPD

---

[65] Ulrich Beck, *op. cit.*, p.103

(Merkel-Gabriel), sous la forte pression des sociaux-démocrates et des syndicalistes, a également introduit le SMIG en Allemagne). Mais la réussite économique spectaculaire de l'Allemagne est surtout due au succès de son modèle d'exportation offensif. C'est le véritable moteur de l'économie allemande et le « secret » de sa force, bien que cela comporte aussi le danger, la probabilité d'une crise économique grave, si par exemple un beau jour (cf. l'Affaire Volkswagen !) la réputation de la marque « made in Germany » baissait fortement, entraînant une forte baisse des exportations. Dans ce cas de figure, le déclin de l'économie allemande serait inévitable. Mais, comme l'Allemagne se positionne et s'auto-comprend, encore vingt-cinq ans après la réunification, plutôt comme un bloc de grande stabilité économique en Europe et dans le monde, elle restera probablement encore longtemps non seulement la « locomotive » économique de l'Europe, mais aussi le garant- certes controversé- d'un « ordo-libéralisme », c'est-à-dire d'un ordre économique austère, néo-libéral, qui, à cause de ses exigences de discipline budgétaire et d'austérité, continuera à faire peur aux pays voisins et notamment aux pays du Sud de l'Europe. C'est une des raisons de la nouvelle *réprobation de l'Allemagne.* Ainsi, l'éclatement de la crise de la dette grecque, ayant adhéré en 1981 à l'UE, sans en remplir véritablement les conditions, et conduisant ce pays de 11 millions d'habitants, en juin 2015, au bord de la faillite de l'État, s'accompagnait non seulement en Grèce, mais aussi en France, en Italie et en Espagne d'une recrudescence du ressentiment anti-allemand d'une ampleur jamais enregistrée depuis 1945. (Certains organes de presse français n'ont même pas hésité à clouer à cette occasion au pilori le ministre allemand des Finances, Wolfgang Schäuble (CDU), à cause de l'intransigeance de son attitude à l'égard de la Grèce, en l'appelant le « bourreau de la Grèce » (*Le Monde*)). C'est non seulement parce que ce ministre a en effet affiché une hostilité et une incompréhension assez arrogante à l'égard des positions et des revendications de son homologue grec (M. Varoufakis), représentant la gauche radicale grecque du parti Syriza et de l'aile gauche de son parti), mais aussi parce que pendant toute la durée des négociations extrêmement difficiles à Bruxelles, l'Allemagne tout entière, réconfortée à l'intérieur par une partie de son opinion publique, majoritairement hostile à toute autre aide financière à la Grèce, était désormais considérée comme la première force économique en Europe et comme un *État créancier extrêmement dur*, décidé à imposer son ordo-libéralisme, avec arrogance et brutalité.

(Mais était-il juste de comparer cette attitude « d'huissier » avec celle des *nazis*, dans les années 1940 ? Était-il juste de parler même, comme l'a fait le « Front de Gauche », en France, d'un « massacre » du peuple grec ? N'y a-t-il pas une différence entre un plan d'austérité aussi impopulaire et injuste qu'il soit et un massacre ?) Comme le gouvernement allemand n'a, malheureusement, rien fait pour changer cette image négative, dans l'immédiat, l'Allemagne est vite devenue de nouveau le « bouc émissaire » (certains journalistes sont même allés à la qualifier de « maître du châtiment » (de la « punition » (Zuchtmeister)) de l'Europe. Et ainsi elle a en effet pu être facilement désignée et stigmatisée de nouveau, dans la phase dramatique de cette nouvelle « tragédie grecque », marquée par l'incapacité de ce pays de rembourser ses dettes et de respecter ses engagements financiers auprès de ses créanciers, comme *bouc émissaire* de cette grave crise de l'euro et de l'euro-zone, dans une situation où Madame Lagarde, la directrice française du FMI (qui avait été nommée à ce poste par Nicolas Sarkozy) ainsi que le ministre des Finances de Finlande, des Pays-Bas, de l'Autriche et de la Slovaquie tenaient à peu près le même langage de rigueur et d'austérité que M. Schäuble, secondé par M. Draghi (italien) et le luxembourgeois J.C Juncker. Ce n'est donc pas du tout Madame Merkel seule qui prit la décision finale, dans cette crise de la dette grecque (qui aurait pu aussi conduire vers un « Grexit », souhaité par le ministre allemand des Finances et ses alliés du Nord de l'Europe), mais plutôt « l'Eurogroupe », à savoir le couple franco-allemand Hollande-Merkel, en concertation étroite avec la Commission Européenne, M. Juncker et la présidente française du FMI, Madame Lagarde. Pourquoi alors seule l'Allemagne a-t-elle été stigmatisée et mise en accusation ?

Le sociologue Ulrich Beck nous signale aussi dans son livre, et là il y a une certaine convergence avec l'argumentation de Mélenchon, comme une raison de la genèse et du renforcement de ce ressentiment anti-allemand, le fait que l'Allemagne aurait adopté après la réunification « envers les pays endettés et leur mauvaise gestion économique la même arrogance et le même air de supériorité qu'avaient eu les « Wessis » allemands (Allemands de l'Ouest) envers les Allemands de l'Est[66] ». Autrement dit, la réunification de la RFA avec la RDA (en faillite) aurait servi de modèle politique de crise pour l'Europe tout entière » (Ibid). « L'erreur centrale de la politique d'austérité allemande ne consiste donc pas seulement à définir le bien commun européen de façon unilatérale et nationale, mais surtout dans un geste d'arrogance, à définir les intérêts nationaux d'autres démocraties européennes[67] ». « Ils ont le sentiment d'être entourés par des nations ronronnantes. Les Espagnols et les Italiens, les Grecs et les Portugais peuvent bien être

[66] Ulrich Beck, *op. cit.*, p. 108.
[67] Ulrich Beck, *op. cit.*, , p. 118.

meilleurs en art de vivre. Mais quelle irresponsabilité ! Quelle légèreté, ils doivent enfin apprendre ce qu'est la discipline budgétaire, la morale fiscale, une relation à la nature plus protectrice. Ils doivent comprendre que dans un monde globalisé, des bilans soignés et un environnement sain sont une priorité[68] ». En d'autres termes, les peuples « irresponsables » du Sud de l'Europe, « gaspilleurs » et mauvais gestion-naires de leurs deniers publiques, auraient vraiment besoin d'une « rééducation » en matière d'épargne, de fiscalité et de responsabilité budgétaire. Et c'est l'application rigoureuse de cet impératif très protestant qui rend apparemment les Allemands d'aujourd'hui, si aveugles en matière de *justice sociale*. Comment expliquer autrement l'attitude du chef du SPD Sigmund Gabriel et du vice-chancelier et du ministre de l'Économie du gouvernement de Mme Merkel, à l'égard de la Grèce qui n'est dans le fonds même guère différente de celle de la chancelière ? Le fait même qu'il soit *insupportable* pour la population grecque de réduire encore davantage les *retraites* (déjà amputées à plusieurs reprises, par sept plans de rigueur) ne semble guère gêner ce social-démocrate de longue carrière alors que la justice sociale est bien, et depuis longtemps, inscrite comme un des objectifs politiques majeurs dans le programme de son parti.[69]

---

[68] *Ibidem*, p. 108-109.

[69] L'opposition de gauche, au sein même de son parti, contre cette politique sociale « trop libérale » s'est bien manifestée lors du tout dernier congrès du SPD, en décembre 2015, où Sigmar Gabriel, le chef du parti, n'a été réélu dans ses fonctions qu'avec 74 % des voix des délégués rassemblés.

VI.
LA PROSPÉRITÉ DE L'ALLEMAGNE A-T-ELLE ENGENDRE UNE NOUVELLE IDENTITÉ ALLEMANDE, UN NOUVEAU NATIONALISME ?

Ou bien avons-nous affaire ici, éventuellement, à l'émergence d'une *nouvelle identité allemande*, libérant les Allemands, comme le suggère Beck, dans un ancrage de « plus jamais ça », de « plus jamais d'holocauste », de « plus jamais de fascisme », de « plus jamais de militarisme[70] » ? Mais quels sont les éléments constitutifs de cette *nouvelle identité* ? N'y a-t-il pas le danger qu'on soit ici en réalité en train de procéder, apparemment trop facilement, à l'enterrement d'une *mémoire collective (douloureuse et honteuse)* qui a déterminé toute la période de l'après-guerre (1945-1970) et qui avait donné lieu, entre autres, à la tenue du « Procès Auschwitz » contre les criminels nazis, à Francfort, en 1963, et de la substituer tout simplement par cette nouvelle attitude arrogante du « Nous sommes de nouveau quelqu'un » (Wir sind wieder wer ? »). N'est-ce pas faire le lit, volontairement ou involontairement, d'un *nouveau nationalisme,* fondé cette fois-ci non pas, comme dans les années 1930, sur un sentiment de revanche à l'égard de la France ou un ressentiment anti-polonais ou antisémite, mais plutôt sur la « fierté » d'être de nouveau la « première puissance économique de l'Europe » et la troisième du monde ? L'émergence récente et le développement de partis d'extrême droite, en Allemagne, par exemple l'AFD (Action pour l'Allemagne) ou du parti PEGIDA

[70] Ulrich Beck, *op. cit.*, p. 109-110.

(« Patriotes d'Europe contre l'Islamisation de l'Occident », créé selon le « modèle » du « Front National », en France) ne sont-ils pas des signes avant-coureurs dangereux pour la toujours possible *explosion d'un nouveau nationalisme allemand,* certes refoulé, pendant la période des « Trente Glorieuses », mais toujours susceptible de grandir et d'augmenter en puissance, notamment par l'exploitation démagogique tous azimuts, dans le sens de l'islamophobie, des événements du 7 janvier 2015, à Paris, et de l'afflux constant, de plus en plus mal maîtrisé, des réfugiés et migrants d'Afrique et du Proche Orient, arrivant de plus en plus massivement, par dizaines de milliers, en Europe du Sud – via Lampedusa – ou sur la route des Balkans, et « dispatchés », dans des conditions plutôt déplorables, vers des centres d'accueil de réfugiés, en Allemagne ou en Suède, qui sont de plus en plus souvent attaqués et incendiés par des extrémistes de droite, surtout sur le territoire de l'ex-RDA ?

Certes, Ulrich Beck a raison de constater que les Allemands ont entretemps « appris leur leçon. » Ils sont devenus des « démocrates et des pacifistes exemplaires » ; « leurs politiques de rigueur et leur sortie du nucléaire sont des modèles[71] ». Mais il ne faudrait pourtant pas se tromper ». Le « fascisme tout à fait normal et quotidien » n'est pas encore surmonté… « Mais une chose est certaine : l'Allemagne a changé. « Mesurée à l'aune de l'histoire, cette Allemagne est la meilleure que nous ayons jamais eue[72] ». Ce jugement du sociologue allemand mérite cependant d'être nuancé, du moins sur certains points. Par exemple, si, comme le prétend Beck, les Allemands sont vraiment devenus, dans l'après-guerre, après la fondation de la République Fédérale d'Allemagne,

---

[71] Ulrich Beck, *op. cit.*, p. 110.
[72] *Ibidem,* p. 111.

en 1949, des « démocrates exemplaires », pourquoi l'Allemagne Fédérale s'est-elle dotée, après la révolte de mai 68, au courant des années 70, et les attentats des terroristes de la « Rote Armee Fraktion » (Baader), en 1977, d'une telle législation exceptionnelle, comportant des *interdictions professionnelles* (anti-constitutionnelles), frappant exclusivement des militants des partis et des mouvements de la gauche radicale ? Pourquoi le Parti Communiste Allemand (KPD) (qui aux élections de 1949 avait obtenu 5,7% des voix et 15 sièges au Parlement de Bonn) a-t-il été interdit, de 1957 à 1969 ? Pourquoi autant d'anciens nazis – des juges, des professeurs - ont-ils été réintégrés[73] dans la fonction publique, par le gouvernement de Konrad Adenauer (CDU), au courant des années 50 et 60, alors que tant de militants de gauche en ont été exclus dans les années 1970 et 1980 ? (Comme l'ont bien montré Beate et Serge Klarsfeld[74], avec leurs actions courageuses, cela avait bien comme conséquence que, suite à cette réintégration, un grand nombre de criminels nazis (dont Kurt Lischka et alii) qui auraient dû absolument être persécutés et jugés, en Allemagne, dans l'après-guerre, sont restés impunis, avec la complicité tacite d'un appareil judiciaire encore composé pour une grande partie d'anciens adhérents du parti nazi qui avaient été « dénazifiés »). Pourquoi la RFA (sous Adenauer et la CDU) était-elle devenue, en un sens, au courant des années 1950 et 1960, l'incarnation typique même d'une démocratie parlementaire « sans démocrates » ? Pourquoi

---

[73] Le cas le plus exemplaire – et, évidemment, aussi le plus scandaleux à ce sujet - est sans nul doute celui de Hans Globke, ex-haut fonctionnaire du régime nazi et commentateur des lois raciales et anti-sémites, en 1936, qui a été réintégré et même fait *Ministerialdirektor*, puis secrétaire d'Etat (Staatssekretär), par le chancelier Adenauer, en 1953. (Cf. Alfred Grosser, *L'Allemagne de notre temps*, Fayard, Paris, 1970, p. 221).

[74] Cf. Beate et Serge Klarsfeld, *Mémoires,* Fayard-Flammarion, 2015.

autant d'universitaires allemands de gauche ont-ils été contraints de chercher un poste « ailleurs », c'est-à-dire aux États-Unis, en France ou en d'autres pays occidentaux, seulement parce que les universités ouest-allemandes refusaient de les recruter comme professeurs ? Et quant à la « rigueur allemande », le traitement récent de la crise de la dette grecque par les dirigeants politiques allemands n'a-t-il pas révélé comment *l'excès de rigueur* et le comportement « d'huissier » du ministre allemand des Finances, M. Schäuble, face à la Grèce, c'est-à-dire comment cette incompréhension et cette dureté face à un petit pays de l'Europe du Sud-est, déjà outrancièrement étranglé par sept *plans d'austérité* imposés par le FMI et la BCE, depuis 2009, a pu porter préjudice à l'image d'une Allemagne, certes, économiquement puissante et prospère, mais politiquement toujours hantée par son passé ?

Mais malgré tout cela il faut donner raison à Beck lorsqu'il constate que l'Allemagne est devenue, depuis la création de la République Fédérale, à Bonn, en 1949, une république parlementaire démocratique respectable et qu'elle s'est désormais dotée du régime le plus libre et le plus démocratique qu'elle ait jamais eu dans son histoire.

Force est cependant de constater que le conflit opposant en Europe et au sein même de l'Union Européenne l'Allemagne (riche et rigoureuse) aux pays surendettés et « pauvres » du Sud de l'Europe (Grèce, Portugal…) est un conflit exprimant surtout le clivage, le fossé qui s'est creusé entre les pays protestants du centre et du nord de l'Europe dont les habitants sont des épargnants (et pour lesquels le fait d'être endetté constitue toujours une « faute morale grave », à rappeler que le mot allemand « Schuld » (dette) signifie « faute » !) et les pays du Sud de l'Europe considérés comme gaspilleurs et dépensiers, incapables d'épargner et de gérer correctement leurs finances publiques. Aux yeux des Allemands, le problème de la

Grèce serait en conséquence que les Grecs ne se sentiraient pas du tout « coupables » à cause de leur dette d'État énorme, contractée par les gouvernements précédents (PASOK et NEA DEMOCRATIA, gravement sanctionnés depuis par les électeurs) et préféreraient plutôt stigmatiser l'Allemagne, leur plus grand créancier, comme le principal « coupable » de toutes les injustices qu'ils ont subies et continuent de subir. Le fait que les bâtisseurs de l'Europe avaient dès le début de l'Union privilégié la construction d'une *union* exclusivement *monétaire*, au détriment d'une Europe politique, a sans nul doute aussi beaucoup contribué à creuser davantage ce fossé entre pays européens créanciers (en l'occurrence l'Allemagne et la France) et pays débiteurs, fossé qui s'est élargi davantage ces dernières années en fonction de l'évolution des taux d'intérêt exorbitants exigés par les créanciers pour le remboursement de la dette et en fonction de l'accroissement des inégalités sociales, de la pauvreté et de la précarité, au sein même de l'Union Européenne. Ce processus avait, incontestablement, progressivement, transformé l'Allemagne en un pays créancier *dominant,* en Europe, ayant désormais la capacité d'imposer de plus en plus ses vues économiques aux autres pays de l'Union.

Comme l'a très justement souligné le philosophe Oskar Negt, disciple d'Adorno, ancien assistant de Jürgen Habermas, à l'université de Francfort, et professeur émérite à l'université de Hanovre, dans une interview donnée à Radio Allemagne (*Deutschlandfunk)*, le 12 juillet 2015), ce clivage risque en effet de mettre de plus en plus en danger, *l'unité de l'Europe* et risque aussi de faire disparaître les trois *valeurs-clé* de l'UE qui sont *l'État social*, la *solidarité* et la *souveraineté* nationale. Certes l'UE a réussi à garantir la paix en Europe pendant les derniers 70 ans et à éviter surtout de nouveaux conflits militaires, notamment entre la France et l'Allemagne, mais avec le développement dramatique de la crise grecque et l'émergence (dans plusieurs pays d'Europe occidentale, centrale et septentrionale) d'un *nationalisme xénophobe*, l'Europe a aussi montré ses limites de cohésion et d'intégration et elle est apparemment en train, si tout continue d'aller si mal, de perdre et d'enterrer même ses valeurs fondatrices, si jamais elle (et avant tout l'Allemagne) persiste en effet à se définir exclusivement comme une *union financière et monétaire,* gérée exclusivement selon les principes et règles du capitalisme néo-libéral globalisé. Elle favorise ainsi sa *désintégration*, et même, à long terme, *l'échec* de l'Union européenne, tant qu'elle persiste dans l'application dogmatique et aveugle des principes néo-libéraux imposés par l'oligarchie financière mondiale (FMI, BCE), en soumettant les pays de sa périphérie à des contraintes financières qui les étrangle de plus en plus, économiquement et socialement.

Comme le souligne Oskar Negt, nous sommes là arrivés à un moment où visiblement pour tous « le *capitalisme* s'affirme sous sa forme la plus *non-solidaire* et en devenant de plus en plus *totalitaire,* si bien que « cela peut conduire à la ruine et diviser davantage la société. » (Interview à Radio Allemagne (Deutschlandfunk) du 12/07/2015).

SECONDE PARTIE

QUEL AVENIR POUR L'EUROPE ?

VII.
UNE SITUATION D'ALIÉNATION DES PLUS DANGEREUSES POUR LA DÉMOCRATIE ?

Pour Okar Negt, disciple d'Adorno, ancien assistant de Jürgen Habermas et professeur émérite à l'université d'Hanovre, convaincu que la seule condition de l'intégration européenne est le *renforcement de l'État social*[75] (évidemment très menacé, et même démantelé par les projets néo-libéraux), il s'agit là d'une situation *des plus dangereuses pour la démocratie*, constituant de plus une régression périlleuse par rapport à l'esprit et aux conquêtes de 1789, tout simplement parce que l'Europe, dans cette crise, semble être en train de se transformer en un « champ de bataille de l'insécurité sociale et existentielle » tout court, pour des millions de personnes concernées et injustement victimisées par cette crise, si bien que *l'angoisse sociale* générée par cette situation inédite risque de prendre une ampleur telle que les forces viscéralement hostiles à la démocratie, à savoir les forces nationalistes, extrémistes, racistes et xénophobes, agitant démagogiquement l'épouvantail de « l'invasion par l'Islam » et par les migrants étrangers, risquent de déstabiliser et de perturber de plus en plus, ici en Europe, surtout en France et en Allemagne, l'équilibre politique de nos démocraties parlementaires, comme l'ont montré, entre autres, les grandes manifestations du parti PEGIDA, en Allemagne, en janvier-février 2015, en réaction aux actions terroristes des islamistes radicaux, en France du 7

[75] Cf. Oskar Negt, *Gesellschaftsentwurf Europa. Plädoyer für ein gerechtes Gemeinwesen,* Berlin, 2012.

janvier 2015. C'est aussi, estime Oskar Negt, l'indicateur significatif d'un « état d'urgence d'orientation » de nos sociétés contemporaines en général qui ne peut être dépassé que si au niveau de l'Europe des mesures concrètes soient prises pour mettre fin à cet état d'insécurité sociale qui déstabilise et incite autant de citoyens à chercher leur salut dans l'extrémisme…

VIII. UN CONTRAT SOCIAL POUR L'EUROPE ?

C'est le même souci d'une régression de l'Europe, au niveau politique et social, par la limitation arbitraire du projet européen, par les technocrates, à une union purement monétaire, dominée par les banques et les grands établissements financiers internationaux, qui a apparemment instigué le sociologue munichois Ulrich Beck d'esquisser, dans son livre consacré à « l'Europe allemande », un « Contrat social pour l'Europe », en renouant volontairement avec l'esprit de Rousseau, expliquant comment les hommes souhaitant dépasser l'état de nature peuvent trouver au moyen du contrat social une liberté et une identité au sein de la communauté.[76] Beck, inspiré simultanément du cosmopolitisme kantien, du « cosmopolitisme constitutionnel » de Habermas et du cosmopolitisme européen de Vicenzo Cichelli, esquisse, convaincu qu'il faudrait absolument surmonter le « souverainisme » fondé exclusivement sur l'État national, une *société européenne post-nationale*, composée de sociétés démocratiques nationales, fondées sur des Constitutions.

« La tâche qui nous incombe », souligne-t-il, « consiste donc à trouver une forme de confédération européenne qui protège juridiquement, par sa force communautaire, tout individu dans chacune des sociétés nationales et qui, dans le même temps, renchérit tous les individus et les rend plus libres qu'avant[77] ». Ici, le rôle des jeunes dans

[76] Ulrich Beck, *op. cit.*, p. 119-120.
[77] *Op.cit.*, p. 120.

l'Europe d'aujourd'hui et demain est, nous enseigne Beck, tout à fait capital, au fur et à mesure qu'ils prennent conscience, comme le souligne aussi Cichelli, que la culture de leur propre patrie est certainement intéressante et constitutive de son identité, mais qu'elle ne suffit pas à comprendre le monde[78]. « Ils doivent connaître d'autres cultures, se frotter à l'altérité, au pluralisme culturel et linguistique. Le programme *Erasmus* de la *Communauté Européenne* a fourni le cadre instituant et pratique pour fournir ces rencontres et ces expériences nouvelles de jeunes de divers pays de l'UE, expériences absolument indispensables pour briser le mur d'anciens préjugés et le retour d'anciennes rivalités, par exemple celles entre la France et l'Allemagne. Bien entendu, la transgression des frontières nationales est la condition sine qua non de cette expérimentation de l'Europe. Comme le souligne à juste titre Ulrich Beck, au-delà des frontières « nous nous sommes habitués depuis plus de 150 ans à comprendre la société dans le cadre de l'État-nation, en lien avec un territoire déterminé, délimité par des frontières géographiques clairement dessinées, avec une justice valable pour tous les citoyens, une culture relativement homogène, un système éducatif commun, une langue administrative unique, etc. Les jeunes gens qui se déplacent aujourd'hui très naturellement à travers les frontières entre Lisbonne, Helsinki, Dublin et Thessalonique ont une tout autre idée de la société européenne : ils expérimentent avant tout l'Europe comme une société mobile des individus, ils apprécient le libre passage des frontières nationales, la diversité des cultures, des langues, des systèmes juridiques, des formes de vie,

---

[78] Isabelle Rey-Lefebvre, « Les sentiers sont de plus en plus sinueux » (entretien avec Vicenzo Cicchelli), in « Süddeutsche Zeitung » (Munich) du 31 mai 2012, p. 15.

etc. C'est en ce sens que vaut la formule « plus de liberté avec plus d'Europe[79] ».

Selon Beck, c'est le rôle et la tâche du nouveau « Contrat social » [européen] de protéger cette grande liberté cosmopolite des attaques des souverainistes ; son objectif est de « gagner les individus à la cause européenne[80] », en ouvrant une nouvelle ère, l'ère d'une *Europe sociale-démocrate et transnationale*. En conséquence, dorénavant, la grande question à laquelle l'Europe doit trouver une solution est celle de savoir comment « la conscience sociale et écologique peut-elle être réveillée en Europe et dans le monde et s'organiser en un mouvement de protestation politique ? Comment Grecs en colère, Espagnols au chômage et Allemands inquiets (…) peuvent-ils se rassembler sur le plan européen ou même mondial, en un sujet politique qui imposera le nouveau contrat social[81] » ? Comment, enfin, les partis politiques peuvent-ils réussir le « saut dans la transnationalité » (Beck), tout en continuant de jouer un rôle majeur sur le plan des élections nationales ?

Il sera bien entendu très difficile de résoudre tous ces problèmes en même temps ; mais dès qu'on aura mis en œuvre, au niveau de l'Europe, cette velléité cosmopolite de *transgresser l'État national* et de *construire une Europe nouvelle, démocratique, écologique et sociale,* sur la base du respect d'autrui, « à travers le regard d'autrui », en renonçant à *l'égoïsme national* et à tout identitarisme ethnocentrique, à la xénophobie et au ressentiment « hérité », on pourrait bien avancer, dans le respect des différences respectives, dans la construction de cette « maison européenne » dont les fondements sont actuellement si secoués par la crise de l'euro et la crise de

---

[79] Ulrich Beck, *op. cit.*, p. 124-125.
[80] Ulrich Beck, *op.cit.*, p. 126.
[81] Ulrich Beck, *op.cit*, p. 127.

la dette des États. (Évidemment, la force de résistance des forces politiques « réactionnaires » - nationalistes et souverainistes -, malheureusement, aussi appuyée par une fraction de la gauche radicale (de plus en plus contaminée par le discours europhobe et national-souverainiste d'une extrême droite ayant démagogiquement « gauchisé » son discours xénophobe et raciste) ne devrait cependant pas être sous-estimée).

L'institution et la création d'une « année de volontariat civil européen » pour tous, conformément à la proposition de Habermas, de Helmut Schmidt et de Jacques Delors et d'autres Européens célèbres (de mai 2012) pourrait, éventuellement, être un pas dans la bonne direction. Mais le chemin est encore très long, et malheureusement rien ne garantit en ce moment la réussite de ce projet. La force de résistance des mouvements et partis nationalistes ne devrait pas être sous-estimée. Mais nul ne peut contester que le nouveau « Contrat social pour l'Europe » (Beck) ne peut être imposé que par l'alliance des nations cosmopolites ; car dans la crise actuelle, comme le note Beck, « pratiquement tous les pays ont un intérêt matériel à plus de coopération et de solidarité européenne et ainsi à la mise en place du nouveau contrat social pour l'Europe ». Il pourrait être particulièrement attractif pour les populations des pays endettés qui protestent actuellement contre la politique d'austérité néo-libérale, mais qui entrevoient un modèle transnational de démocratie sociale, s'identifiant au projet d'une Europe politique[82]. À ce propos, la convergence de vues entre Ulrich Beck et Jürgen Habermas, tous deux très engagés en tant que partisans d'un *cosmopolitisme constitutionnel républicain*, transnational, pour la construction d'une Europe politique, démocratiquement renouvelée et relégitimée, dans ses structures de décision, est manifeste.

---

[82] Ulrich Beck, o*p. cit.*, p 129.

Dans son livre *La Constitution de l'Europe*[83] (2012), Jürgen Habermas avait déjà souligné que la politique européenne du gouvernement fédéral allemand conduite par Angela Merkel faisait fausse route pour au moins trois raisons : 1) de vouloir faire avancer l'intégration européenne à feu doux pour ne pas être soupçonnée d'égoïsme national ; d'imposer aux autres pays à la hussarde son propre modèle politique et de « dilapider le capital de confiance que pendant un demi-siècle les gouvernements allemands étaient parvenus à réunir auprès de leurs voisins[84] ». 2) de mener une politique d'austérité « guidée par l'idée fausse selon laquelle tout ira bien dès lors que tous les États membres observent des règles de pactes de stabilité et de croissance[85] ». (Ce dont nous aurions plutôt besoin en fait c'est d'un gouvernement économique prenant en compte les différences régionales et nationales[86]) ; 3) d'avoir à l'esprit qu'« une collaboration intergouvernementale entre les dix-neuf chefs d'États représentés au Conseil européen, en contournant les lois de finance des Parlements nationaux, resterait, comme le note Habermas, rien d'autre qu'une « auto-habilitation des exécutifs, au détriment de la démocratie[87] ».

Il faudrait donc, conclut Beck, *réformer les institutions européennes* de sorte que les nations européennes puissent parler d'une seule voix ; il faudrait entreprendre une réforme judiciaire et faire en sorte que les traités européens instituent l'Union monétaire comme une entité à la fois supranationale et démocratique !

---

[83] Habermas, *La Constitution de l'Europe*, trad. de l'allemand par Christian Bouchindhomme, Gallimard, Paris, 2012.

[84] Habermas, o*p. cit*., p. 10.

[85] Habermas, *op. cit*, p.10.

[86] Habermas, *op. cit*, p.10.

[87] Habermas, *op. cit*, p.10..

Dans une Europe ainsi réformée, c'est aux États membres qu'il reviendrait d'assumer le rôle indispensable des garants des libertés républicaines[88].

Il faudrait surtout, estime Habermas, dans son essai *Sur l'Europe* (Bayard, 2006) « élargir la solidarité civique transnationale[89] ».

Évidemment, le rejet du projet d'une *Constitution Européenne*, en 2005, par référendum, par la France et les Pays-Bas, a freiné de manière considérable la dynamique du processus d'unification européenne, et un de ses résultats a été, sans nul doute, que le processus d'unification bute encore aujourd'hui sur « l'absence d'une identité européenne[90] ». Mais l'élargissement de l'UE à l'Est a elle aussi posé des problèmes, car il implique, selon Habermas, un accroissement des complexités auxquelles les structures et les procédures de gestion politique existantes ne sont pas en mesure de répondre[91] ».

L'Union Européenne est-elle désormais contre la démocratie ? La crise de la dette a-t-elle révélé un *déficit démocratique* des institutions européennes ?

J. Habermas nous alerte sur les risques que prend alors l'Europe à s'engager dans une voie « post-démocratique » pour régler la question de la dette des pays de la zone euro.

Le processus grec ouvre-t-il le passage d'une « Europe de gouvernement » à une « Europe de gouvernance » ? « Joli euphémisme pour désigner une forme dure de domination politique qui se repose sur le fondement faiblement légitimé des traités internationaux » ? Comme

---

88 Habermas, *op. cit*, p.10.

89 Op.cit., p. 16.

90 *Op.cit.,*, p. 18.

91 Jürgen Habermas, *La Constitution de l'Europe,* trad. de l'allemand par Christian Bouchindhomme, Gallimard, Nrf-essai, Paris, 2012.

la crise de la dette grecque, en juin-juillet 2015, l'a démontré, « la démocratie d'un seul pays n'est plus à même de se défendre contre les injustices d'un capitalisme forcené qui franchissent, elles, les frontières nationales. Il faut avancer vers la constitution de l'Europe, pour que les peuples regagnent des latitudes d'action au niveau supra-national, sans pour autant sacrifier la démocratie[92] ».

Inévitablement, la crise de l'Europe des gouvernements doit conduire à la constitution d'une Europe des peuples.

« Plus d'Europe » est la bonne réponse à apporter à la crise de la dette publique elle-même déclenchée par la crise bancaire qui la précéda[93] ». Évidemment, cette longue crise a le mérite d'avoir enfin mis en évidence une erreur de construction de l'Union monétaire européenne que beaucoup ont jusque-là ignorée : « l'Union n'a pas été dotée de la capacité d'action politique qui aurait pu empêcher que les économies nationales dérivent les unes par rapport aux autres[94] ». L'Europe des peuples doit à court ou à long terme substituer l'Europe des décisions technocratiques. « Les peuples veulent avoir préalablement voix au chapitre et ne plus se contenter du pouvoir de sanctionner les erreurs après coup[95]».

Après l'élargissement de l'UE à l'Est, cette restructuration, « risque désormais de se produire bien souvent, des interventions politiques de restructuration étant nécessaires si l'on veut circonscrire et réduire les écarts socio-économiques entre anciens et nouveaux membres, ce qui entraînera d'autres conflits de répartition concernant les ressources budgétaires de l'Union entre

---

[92] Cf. l'interview de Jürgen Habermas au *Guardian* , repris par *Libération* du 17/7/2015. J. Habermas y juge l'accord « toxique ».

[93] J. Habermas, *La Constitution de l'Europe*. (Préface à l'édition française), p. 9.

[94] J. Habermas, *op. cit.*, p. 9-10.

[95] J. Habermas, *op. cit.*, p.10.

ceux qui donnent et qui reçoivent, entre le centre et la périphérie, entre anciens bénéficiaires du sud et nouveaux bénéficiaires de l'Est, entre petits et gros, etc. [96] ».

Ce sont précisément ces disparités, ces écarts, qui ont de plus en plus divisé l'Europe ces dernières années et qui, notamment par l'élargissement continu du fossé créé entre pays créanciers (Allemagne-France...) et pays débiteurs (Portugal, Grèce, Italie...), ont créé des problèmes quasiment insolubles à l'UE qui ont culminé précisément dans la grande crise – dramatique - de la dette grecque, en été 2015. Le fait même qu'en fonction des règles adoptées par les créanciers au niveau international pour le remboursement de la dette, un seul petit pays de l'Union Européenne puisse même se trouver dans la situation de *faillite d'État,* avec toutes les conséquences néfastes qui en découlent, est l'attestation même de l'échec politico-moral d'une union conçue, exclusivement, comme *union monétaire,* comme il est aussi l'attestation (la preuve) de la non-existence et de l'absence totale d'une *solidarité européenne* réelle et effective, c'est-à-dire, de la perte des valeurs fondatrices de l'UE. Selon Habermas, l'accord « toxique » négocié par les créanciers de la Grèce, à Bruxelles, le 12 juillet 2015, est en un sens l'illustration typique de cet *échec moral*, sous la forme du triomphe d'un *cynisme* ayant contraint un petit pays déjà ruiné dans le passé, économiquement et socialement, par huit plans d'austérité, d'accepter en échange de l'octroi de plusieurs milliards d'euros d'aide, un accord discutable avec les créanciers qui avait été rejeté par le référendum grec du 5 juillet 2015. La dureté qu'avait montré à ce propos, dans les négociations, le ministre allemand des finances M. Schäuble, avait bien contribué, comme le souligne Habermas, à détruire l'image que l'Allemagne s'était construite en Europe, pendant les 50 dernières années, en

[96] J. Habermas, *op. cit.* p. 20 et 21.

alimentant la recrudescence, non seulement en Grèce, mais aussi en Italie et en France, d'une nouvelle vague de *germanophobie* risquant de détruire le travail positif de 65 ans de construction européenne à laquelle l'Allemagne fédérale avait participé, dès le début, depuis la création de l'Union Economique Européenne, c'est-à-dire depuis la Déclaration de Jean Monnet du 9 mai 1950, avec un certain enthousiasme, et qui a garanti la paix en Europe, pendant 70 ans, essentiellement via la *réconciliation franco-allemande*, les *Traités de Rome* et de *l'Élysée* et une coopération économique, politique et culturelle qui a bien porté ses fruits. C'est une véritable débâcle qui ne devrait pas être prise à la légère et qui révèle aussi comment l'image d'un grand pays de l'Europe peut être ternie par l'auto-identification de ses dirigeants politiques avec les principes les plus durs, les plus intolérants et les plus brutaux du capitalisme financiarisé, à l'ère de la globalisation néo-libérale. (Mais il n'est pas moins vrai que lors de l'afflux massif des réfugiés, en septembre-octobre 2015, l'Allemagne d'Angela Merkel a réussi à améliorer son image, en pratiquant, par l'acceptation de 800 000 réfugiés sur son territoire, une « culture de l'accueil » et de « l'hospitalité » qui contraste beaucoup avec la politique du repli identitaire sur soi et de fermeture des frontières pratiquée par d'autres pays membres de l'UE (Hongrie, etc.).

Mais ce qui a été fait à la Grèce par l'Allemagne est grave, vu que face à la Grèce et à ses problèmes, la dette morale historique de l'Allemane est assez grande, vu que l'occupation de ce pays par l'Allemagne nazie, en 1943, a été une des plus brutales et inhumaines. Les membres de la résistance grecque ont été persécutés avec une brutalité et une cruauté inouïe, par les divisions SS, en représailles à des actions de la Résistance grecque, comme en France, à Oradour-sur-Glane. La population grecque dans son ensemble en a conservé l'amer souvenir, jusqu'à aujourd'hui, ce qui explique entre autres pourquoi, par exemple, pendant les manifestations contre les plans d'austérité, en Grèce, en 2014, on a pu apercevoir des pancartes montrant Madame Merkel en uniforme nazi ornée d'une croix gammée. C'est aussi la raison pour laquelle le nouveau gouvernement grec d'Alexis Tsipras (Syriza) a voulu réclamer à l'Allemagne un dédommagement pour ces faits, à savoir des réparations d'un montant total de 320 milliards d'euros (équivalente à la totalité de la dette grecque actuelle). Le fait que Madame Merkel et Monsieur Schäuble n'aient pas du tout tenu compte de cela, pendant les dures et longues négociations sur la dette grecque et les conditions de son remboursement, à Bruxelles, sur l'arrière-fond historique que les pires ennemis du peuple grec d'hier sont devenus leurs plus durs créanciers d'aujourd'hui, est évidemment une faute politique et morale très grave.

Yannis Varoufakis, l'ex-ministre grec des Finances, contraint à démissionner, une semaine après le rejet de l'accord entre les créanciers et la Grèce par le référendum grec du 5/07/2015, a, dans son article[97] publié le 16 juillet 2015 dans l'hebdomadaire allemand *Die Zeit*, bien résumé le cynisme et l'outrage fait au peuple grec, dans son ensemble, par cette attitude, en critiquant la façon dont M. Schäuble a traité la Grèce, dans ces négociations, comme un pays étant un « mélange d'État mafia et d'agneau sacrifié ». Et, comme le note à juste titre Sarah Wagenknecht, la co-présidente du parti allemand Die Linke et le probable successeur au poste de Gregor Gysi, « il y manquait la sensibilité de traiter, face à l'histoire allemande, avec d'autres États et leurs dirigeants ». (*Die Zeit*, 16 juillet, p. 38). « Si Volker Kauder »[le porte-

[97] Yanis Varoufakis, « Dr. Schäubles Plan für Europa », in *Die Zeit* » (Hambourg) n° 29 du 16 juillet 2015, p. 38.

parole de la CDU] « est soi-disant fier qu'on parle de nouveau l'allemand en Europe, alors je dois affirmer que c'est une horreur. Je ne veux pas d'Europe où l'on parle allemand[98] ».

« Inconsciemment, les Allemands sont de nouveau en train de jouer leur rôle porteur de catastrophes pour d'autres pays européens et pour eux-mêmes[99] ».

L'affaire grecque et son traitement par des instances européennes et financières internationales jette aussi une lumière caractéristique sur ce qui apparaît de plus en plus comme le cœur même du véritable problème de l'unification européenne, à savoir : le *déficit démocratique*, résultat du fait que suite à l'énorme complexification des structures décisionnelles européennes, après l'élargissement de l'UE vers l'Est (c'est-à-dire le passage de l'Europe des 12 à l'Europe des 18 États et finalement, avec l'entrée de la Grèce, à l'Europe des 19). Le poids décisionnel des instances technocratiques européennes qui n'étaient pas très légitimées, démocratiquement, a été encore renforcée davantage, tandis qu'en même temps celui des décisions *démocratiques,* prises directement, par référendum, par les peuples, a été progressivement diminué, précisément après le référendum français et hollandais sur la *Constitution Européenne*. C'est dans cette logique (qui est contestable) que des parties essentielles du *Projet d'une Constitution européenne,* rejetées par Réfé rendu en France et dans les Pays-Bas, ont été adoptées par le *Traité de Lisbonne*. Le résultat du Référendum grec du 05/07/2015 a été inversé, déjà une semaine plus tard, précisément par les mêmes qui avaient encore quelques jours plus tôt invité les électeurs grecs à voter « non » (oxi) ! Dans les deux cas, on a donc vu la raison d'État, la raison fonctionnaliste et celle des

---

[98] *Ibid.*

[99] *Ibid.*

technocrates financiers et ministériels (simples exécutants des principes du néo-libéralisme, au niveau de la Commission Européenne), ceux de l'Eurogroupe et de la BCE (dont la plupart n'étaient pas légitimés démocratiquement), l'emporter sur des votes démocratiquement légitimés des peuples s'exprimant par la voie de referendum. Et dans les deux cas et non seulement là, la *démocratie*, au sens authentique du terme, est sortie perdante. Comme le souligne Jürgen Habermas, l'UE, cette Europe des 18, bientôt élargie à 28 nations, « est de plus en plus à l'épreuve du choix entre une démocratie transnationale et un fédéralisme post-démocratique[100] ».

---

[100] Cf. J. Habermas, *La Constitution de l'Europe,* Gallimard, Paris, 2012, p. 76 sq.

IX.
VERS UNE TRANSNATIONALISATION DES SOUVERAINETÉS POPULAIRES ?

Rejetant les thèses des eurosceptiques ne voyant d'autre issue de cette crise de légitimation démocratique au niveau européen que le retour forcé à l'État national, donc au nationalisme, au repli de soi-même, à la fermeture des frontières et au retour des anciennes monnaies nationales, Habermas plaide, dans cette situation, courageusement, la cause d'une *transnationalisation démocratique de la souveraineté populaire* qui selon lui devrait s'appuyer sur trois variables : 1) la communautarisation démocratique de personnes juridiques libres et égales ; 2) l'organisation de capacités d'actions collectives ; et 3) une solidarité entre personnes non unies par un lien social ou naturel préalable, à savoir, la *solidarité civique.*

La condition sine qua non du fonctionnement de cette *transnationalisation de la souveraineté populaire* est bien, note J. Habermas, que les États membres de l'Union se soumettent au droit *supranational* et qu'ils partagent en un sens leur souveraineté avec l'ensemble des citoyens de l'Union. On s'orienterait donc vers la construction d'une sorte de *fédération désétatisée* des États de l'Union, autrement dit, vers un ordre *cosmopolitique* nouveau, organisant, démocratiquement, des actions collectives, sur la base de la solidarité civique des citoyens. Est-ce une utopie ? Non, car, comme Habermas le met bien en évidence, les décisions ainsi prises, collectivement et démocratiquement, « émanent en effet d'une pluralité de prises de position individuelles, générées et transformées au moyen de règles démocratiques. Elles sont donc le résultat des processus pluralistes qui conduisent à la formation de l'opinion et de la volonté ; pour y voir l'expression d'une volonté populaire souveraine s'autorisant elle-même à agir, il faut l'interpréter dans une perspective collectiviste[101] ».

Mais en même temps, J. Habermas s'exprime clairement en tant qu'Européen contre les eurosceptiques et les défenseurs passéistes de l'État national républicain et contre une « réification de la souveraineté du peuple » en soulignant que, même s'il est vrai que « la liberté républicaine, le service militaire universel et le nationalisme ont tous trois pour origine historique la Révolution française, il est incontestable que « la liberté d'action que le droit international classique garantit aux États est en effet d'une autre nature que l'autonomie sous les « lois de la liberté » (Kant) dont les citoyens peuvent faire usage dans l'État Constitutionnel[102] ». Alors que la souveraineté extérieure de l'État est pensée sur le modèle du libre arbitre, la souveraineté du peuple s'exprime dans une législation qui s'universalise par la voie démocratique et garantit à tous les citoyens les mêmes libertés[103]. Selon Habermas c'est pour cette raison-là que la limitation de la souveraineté nationale au bénéfice d'un transfert des droits souverains à des instances supranationales ne doit être en aucun cas acquise au prix d'une atteinte portée aux droits qui confèrent aux citoyens le statut de personnes majeures en capacité et en responsabilité. Or un tel transfert « prolongera le type de constitutionnalisation du pouvoir étatique auquel les citoyens doivent déjà leurs libertés au sein de leur État national, si, et seulement s'il laisse le processus démocratique intact[104] ». Rien donc, argue

[101] J. Habermas, *op. cit.*, p. 81.
[102] *Op. cit.*, p. 82.
[103] *Op. cit.*, p. 82.
[104] *Op. cit.*, p. 82

Habermas, ne s'opposerait alors au transfert de compétences de l'État national aux instances supranationales, mais à condition, bien sûr, que l'encadrement juridique de ce transfert s'effectue de manière démocratique[105] » ! Mais il faut de toute façon que « dans ce cas-là, les citoyens de l'État concerné participent bel et bien, selon un processus démocratique, à la législation supranationale[106] ».

Il s'agit d'ailleurs, Habermas le souligne bien, non seulement de *transnationaliser les souverainetés populaires nationales,* mais d'humaniser et de civiliser un peu plus l'exercice du pouvoir politique[107]. L'Europe, pourrait-on compléter ces propos, en aurait vraiment besoin, vu que les dirigeants européens n'étaient que trop souvent, ces dernières années, incapables d'agir dans l'intérêt d'une communauté européenne car « trop occupés par leur électorat national ». Comme le souligne Habermas, dans son interview au « Guardian[108] », en ce moment, « les décisions essentielles sont prises par le *Conseil Européen*, la *Commission Européenne* et la *BCE,* en d'autres termes, par des institutions qui manquent soit de légitimité pour prendre une telle décision, soit de base démocratique[109] ». Or il est évident que ce *déficit de démocratie*[110] et que l'augmentation des inégalités sociales ne peut se résoudre qu'en transformant l'union monétaire en union politique, pour aboutir à une Europe mieux

---

[105] J. Habermas, *La Constitution de l'Europe*, Gallimard, Paris, 2012, p. 83.

[106] *Op. cit.*, p. 83.

[107] *Ibid.*

[108] Cf. *Libération* du 17/07/2015.

[109] J. Habermas, *op. cit.*, p.83.

[110] En ce qui concerne ce « déficit de démocratie », cf. aussi Arno Münster, *Le Principe discussion, Habermas et le tournant langagier et communicationnel de la Théorie Critique,* Kimé, Paris, 1997, p. 177 sq.

intégrée, plus sociale, sans pour autant sacrifier, comme c'est le cas, malheureusement, actuellement, l'État providence. Et pour atteindre ce but, il serait en effet urgent que l'UE abandonne le « style gubernativo-bureaucratique qui a été jusqu'ici le sien pour s'engager dans la voie d'une juridicisation démocratique suffisante[111] ». Cette juridicisation du pouvoir politique contribuerait à « l'humaniser et à le civiliser en tant que force (Gewalt), puisque l'exécutif élu par le peuple, même s'il dispose des moyens armés et policiers de la force, doit respecter la Constitution[112] ». C'est sans aucun doute juste, mais dans ce contexte cela ne traduit en aucune façon une contrainte comportementale, mais plutôt « un devoir-être (Sollen) normatif qui procède de l'habitus politico-culturel, mais qui pour autant n'a rien d'évident : chaque putsch militaire notoire, dans une démocratie de façade, chaque coup d'État soutenu par les élites économiquement puissantes ou socialement influentes, le démontrent suffisamment[113] ».

Cela supposerait donc une *moralisation du pouvoir politique* qui, dans nos démocraties parlementaires constitutionnelles, est loin d'être acquise et dont le développement est constamment freiné par les contre-tendances technocratiques et conservatrices. Mais Habermas, pour sa part, affirme au contraire que cette « humanisation » et ce pouvoir « civilisateur » sont déjà présents au niveau des États nationaux, ce qui est pourtant, du moins à notre avis, une hypothèse bien trop « optimiste », vu que l'État de droit dont personne ne conteste la légitimité et les « vertus », détient toujours, à travers sa justice, sa police, sa juridiction, ses tribunaux,

---

[111] Habermas, *La Constitution de l'Europe*, Gallimard, Paris, 2012, p. 84.

[112] *Op. cit.*, p. 86.

[113] *Op. cit.*, p. 86.

ses huissiers, ses prisons, etc., le monopole de la *violence.* Habermas justifie pourtant sa position par le renvoi au fait qu'il y a bien une différence entre le système européen à plusieurs niveaux et celui des États nationaux (fédéraux ou centralisateurs), au fur et à mesure que « l'entité supranationale commune se constitue (...) en tant que communauté de droit et fait respecter la force d'obligation de droit de l'Union, alors même que celle-ci est couverte, ni par un monopole de la force, ni par une force de décision ultime[114] ».

Elle est surtout, et c'est cela le point décisif, privée de tout pouvoir de sanction. Et c'est ainsi, argue Habermas, que « les monopoles d'État sur la force peuvent être mis au service de l'application du droit européen qui doit être « transposé au niveau national[115] ». Ainsi « l'humanisation civilisatrice du pouvoir serait donc, en dernière instance, garantie par l'entité *supranationale* commune, affranchie du pouvoir organisationnel étatique de ses membres[116]. Par conséquent, la primauté du droit européen sur le droit national des États membres de l'Union serait-elle, par le biais de « sa primauté d'application », la garante de cette souhaitable humanisation et civilisation du pouvoir[117] ». Comme Habermas le souligne à juste titre, « au début de l'unification européenne, la force d'humanisation civilisatrice de cette innovation s'est surtout exprimée dans la pacification d'un continent ensanglanté[118] ». Elle a en effet mis fin aux conflits militaires franco-allemands, à la guerre séculaire entre ces deux pays et instauré une période de paix de 70 ans. Depuis « elle se manifeste dans la lutte pour construire des capacités d'action politique

---

[114] *Habermas, op. cit.,* p. 87-88.
[115] *Op. cit.*, p. 88.
[116] *Op. cit.,* p. 88.
[117] *Op. cit.*, p.89.
[118] *Op. cit.*, p. 90-91.

d'un niveau supérieur. C'est de cette façon que les peuples d'un continent s'efforcent de regagner, face aux puissances et face aux contraintes systémiques d'une société mondialisée, une certaine latitude d'action politique[119] ».

Mais, comme l'a suffisamment démontré la crise de la dette grecque et son traitement par les « instances » européennes, ce sont bien les mécanismes très contraignants de ce même capitalisme néo-libéral mondialisé, relayés par les États créanciers (France, Allemagne…), la BCE et le FMI, qui ont, avec leur intransigeance et leur rigueur excessive, bien limité la latitude d'actions politiques de certains pays de l'Union, jusqu'à étrangler, par exemple, par l'intransigeance imposée via les conditions de remboursement de la dette et huit plans d'austérité, un de ses pays (la Grèce), économiquement et socialement, en provoquant l'effondrement de son économie, la récession, l'augmentation du chômage (déjà très élevé), le démantèlement de l'État social, le développement de la pauvreté…, etc. N'était-ce pas, comme l'a dû l'avouer Habermas lui-même, dans l'interview précité, plutôt le « châtiment décrété contre un gouvernement de gauche »? L'Euro-groupe n'a-t-il pas contraint, le pistolet sur la tempe, le chef de gouvernement grec Alexis Tsipras à signer, le 12 juillet 2015, à Bruxelles, un accord « toxique » validant sa soumission à un accord humiliant qu'une semaine plus tôt le peuple grec avait rejeté à 60% par referendum ? N'était-ce pas une violation flagrante des principes fondateurs de l'Union, garantissant la *justice sociale*, le *bien-être*, la *solidarité* et la *souveraineté* dans les États membres ? Quelle « solidarité » s'est-elle exprimée, par exemple dans l'attitude, lors des négociations de Bruxelles, du ministre allemand des

---

[119] *Op. cit.*, p. 91.

finances, M. Schäuble, qui voulait absolument « punir » et exclure (aussi pour des raisons politiques évidentes) la Grèce de la zone euro, en lui imposant le « Grexit » ?

Que reste-t-il alors de facto de la *souveraineté populaire* de la Grèce, dans l'Union, si elle se trouve de plus en plus niée, dans les faits, par les décisions de Bruxelles ? Comment pourrait-on prévenir de telles dérives ? Ne devrait-il pas y avoir aussi des limites à une telle interprétation et application erronée du prince de « transnationalisation » des souverainetés populaires ? A-t-on complètement enterré *l'Europe sociale,* au nom des principes du *capitalisme néolibéral* et de la « globalisation » ?

Quant à la *solidarité,* la troisième composante de la démocratie transnationale, européenne (selon Habermas), il faudrait qu'une *volonté transnationale des citoyens* de l'Union puisse vraiment naître, se constituer et fonctionner de manière efficace pour que, parallèlement à l'élargissement de la communauté constitutionnelle, « la solidarité entre citoyens croisse en quelque sorte avec elle[120] ». Autrement dit, il faudrait qu'« une *solidarité civique élargie* (...) inclue les membres de chacun des autres peuples européens - les Grecs, par exemple », lorsque ceux-ci se voient soumis, sans compensation sociale, à des plans d'austérité imposés par la communauté internationale[121] ». Seulement ainsi pourrait-il y avoir selon Habermas « formation commune de la volonté démocratique, par-delà les frontières nationales[122] ».

Évidemment, au moment même où nous écrivons, nous sommes encore très loin de ce cet objectif, vu que lors des négociations à Bruxelles entre les pays créanciers, le FMI, la BCE, l'Eurogroupe et la Grèce sur la dette grecque, on

---

120 Habermas, *op. cit.*, p. 108.

121 *Op. cit.*, p. 106.

122 *Ibid.,* p.106

n'a strictement rien vu de l'hypothétique présence d'une telle « solidarité civique élargie » ; au contraire, dès le début des négociations, le fossé entre les principaux pays créanciers (France, Allemagne…) et le pays débiteur (Grèce) s'était élargi et la Grèce (qui aurait dû bénéficier de cette « solidarité civique élargie ») a bien été mise à genoux par l'imposition autoritaire de conditions de remboursement extrêmement dures de la dette et de réformes « structurelles » qui augmenteront encore sa dette et ne feront, probablement, qu'ajourner sa faillite. Que cela se soit passé, pour une grande partie, sous la férule du ministre allemand des Finances M. Schäuble, a prouvé une fois de plus que la *logique froide du calcul économique et égoïste du capitalisme financier mondialisé*, avec son diktat d'austérité, l'a encore une fois largement emporté sur le principe de « solidarité », pourtant inscrit dans le traité de Lisbonne. Seule une mobilisation citoyenne forte et dynamique dans tous les pays de l'Union en faveur d'une annulation de la dette grecque et de réformes acceptables socialement justes (comme la création d'un impôt sur la fortune élevé pour les riches, la taxation des armateurs et de l'Église orthodoxe grecque) aurait pu éviter cet accord « toxique » (Habermas), cette humiliation de la Grèce et ce grave échec politico-moral pour l'UE. Mais, mis à part quelques manifestations à Paris, Londres, Berlin et Rome, cette mobilisation citoyenne élargie n'a pas eu lieu, et l'attitude ambiguë, par exemple celle du chef du SPD, vice-chancelier et ministre de l'Économie M. Gabriel, dans cette affaire, a bien révélé l'ampleur du dilemme politico-moral et des divisions internes de la sociale-démocratie allemande, trop enclin à céder du terrain aux néo-libéraux, à ce sujet.

À cela s'ajoute encore ce phénomène que J. Habermas qualifie « d'asymétrie », consistant, pour l'essentiel, dans le fait qu'il y a d'un côté, dans une situation où l'Union Européenne a été, jusqu'ici, monopolisée par les élites politiques, « la participation démocratique des peuples, à ce que hors de leur vue, sur la lointaine scène de Bruxelles, leur gouvernement négocie pour eux « de haute lutte », et, de l'autre, l'indifférence pour ne pas dire l'*absence totale de participation des citoyens* de l'Union aux décisions que prend leur Parlement à Strasbourg[123] ». On voit mal pourtant comment cette asymétrie pourrait être dépassée sans une réforme radicale du système de la démocratie élective parlementaire à représentation indirecte, c'est-à-dire sans la création et l'institution de formes d'expression de la *démocratie directe*, par exemple sous la forme de l'organisation régulière de *référendums* et d'*assemblées citoyennes* où les décisions, habituellement prises par les parlementaires, sont directement et régulièrement soumises à une *votation citoyenne*, par exemple en Suisse. Il faudrait surtout œuvrer, à l'échelle européenne, à la création future d'un *État social participatif*, fruit d'une communauté de citoyens formant une communauté cosmopolitique[124], complétant la communauté internationale des États. (Celle-ci devrait, toujours selon Habermas, se constituer en « association supra-étatique des citoyens » et de peuples étatiques, permettant aux États membres de conserver (…) la disposition des moyens de la force légitime (…). Les États nationaux formeraient ainsi, aux côtés des citoyens du monde le second sujet constituant de la communauté mondiale[125] ». À cette fin, conclut Habermas, il faudrait pourtant que la communauté internationale, à savoir les 195 États faisant partie des Nations Unies, soit élargie en *communauté cosmopolitique*, grâce à une représentation

[123] Habermas, *La Constitution de l'Europe,* p. 108-109.
[124] *Op. cit.*, p. 118.
[125] *Op. cit.,* p.118

électorale des citoyens du monde[126]. Il faudrait donc un *Parlement mondial,* composé de représentants des États et des citoyens, sachant prendre en compte la situation moralement insupportable des inégalités et des injustices sociales, dans tous les pays du monde.

Quant au problème de l'élargissement des solidarités, d'abord réduites au cadre de l'État nation, et celui de la genèse de nouvelles formes de *solidarité civique*, Habermas avait déjà bien mis en évidence, dans son essai *Sur l'Europe*[127], que « cette solidarité civique ne se paie plus guère qu'avec de la petite monnaie (…). Nous ne sommes plus prêts à mourir pour Nice, pas plus que pour Berlin ou Paris[128] ». « La solidarité entre les citoyens naît quant à elle de l'appartenance à une communauté politique démocratique et constitutionnelle fournie par des sociétaires libres et égaux[129] ». Ce qui compte ici, selon Habermas, c'est que « l'identification avec l'État laisse la place à une orientation en fonction de la constitution » si bien que « les principes constitutionnels internationalistes priment pour ainsi dire sur les contextes propres à l'histoire nationale de chaque État[130] ».

C'est ici, espère Habermas, et nous consentons totalement à cette conclusion, qu'à court ou à long terme, un « constitutionnalisme cosmopolitique » devrait subsituer dans la conscience des citoyens la philosophie de l'État nation. La solidarité nationale devrait donc se transformer en solidarité transnationale. « Plus on est capable de percevoir un même contenu universaliste au-delà des frontières nationales, moins on remet en cause les principes juridiques qui détériorent depuis longtemps déjà

---

[126] *Op.cit.*, p. 126.
[127] *Sur l'Europe*, Bayard, Paris, 2006.
[128] *Op. cit.,* p. 36.
[129] *Op. cit.,* p. 37.
[130] *Op. cit.*, p. 38.

la construction d'organisations supranationales et la jurisprudence des cours internationales de justice[131] ».

(...) « Plus le patriotisme constitutionnel est fort et supplante l'attachement traditionnel à l'État, plus on s'inscrit dans une évolution aujourd'hui observable à un niveau supranational : le découpage progressif de la Constitution et de l'État[132] ». Selon Habermas la conscience de la primauté et centralité des *droits de l'homme* et de la *dignité humaine* doit être consubstantielle à ce patriotisme constitutionnel. Né à l'endroit de la genèse de la morale, les droits de l'homme et la dignité humaine sont porteurs, argue Habermas, de « la puissance explosive d'une utopie concrète » que Habermas, comme avant lui Ernst Bloch, défend énergiquement et contre ceux qui, comme Carl Schmitt, les « rejettent totalement, au nom de la théologie politique d'un totalitarisme fasciste et contre ceux qui affirment depuis un certain temps de renforcer leur radicalité[133] ». La *dignité humaine* est selon Habermas « un sismographe qui montre ce qui est constitutif de l'ordre juridique démocratique, à savoir précisément les droits dont les citoyens d'une entité politique commune devraient se doter afin de pouvoir se répartir mutuellement en tant que membres d'une association volontaire entre égaux libres. Une fois que ces droits, les droits de l'homme sont garantis, peut alors émerger le statut de citoyen, et c'est en tant que sujets de ces droits, les mêmes pour tous, que les citoyens sont fondés à être respectés dans leur dignité humaine[134] ».

Le concept de *droits de l'homme* est bien le résultat de la synthèse des deux éléments qui se sont dissociés et autonomisés au début de la modernité, de la symbiose des

---

[131] *Op. cit.*, p. 38.
[132] Sur l'Europe, *op. cit.*, p. 38.
[133] *Op. cit.*, p. 137.
[134] Ibidem, p. 142.

faits et des *normes* du droit naturel, à savoir de la morale subjective fondée en raison et du droit positif que l'État absolutiste a utilisé pour créer un appareil d'État[135]. En revanche, celui de « dignité humaine » appartiendrait-il au monde des sociétés traditionnelles hiérarchisées où sont nées entre autres les codes de l'amour de la noblesse (…) et celui du corporatisme des universités[136]. Il désigne en général une forme d'auto-respect (d'auto-reconnaissance) du citoyen fondée sur la reconnaissance sociale, et en tant que telle, « la dignité humaine requiert l'ancrage dans un statut civil, c'est-à-dire l'appartenance à une entité politique organisée, transmettant le contenu d'une morale de l'égal respect pour chacun à l'ordre statutaire des citoyens, lesquels puisent leur considération de soi dans le fait d'être reconnus par tous les autres citoyens comme des sujets pouvant également prétendre aux mêmes droits d'un tel statut (…). Les citoyens ne jouissent, en tant que destinataires, des droits qui ne protègent leur dignité que s'ils parviennent à instaurer et à maintenir un ordre politique fondé sur les droits de l'homme[137] ». Mais si l'État nation constitutionnel républicain moderne est, depuis sa fondation et ses origines a priori appelé à garantir cet ordre politique, c'est seulement, ce qui est aussi souligné par Ernst Bloch[138], parce qu'il y a « une inlassable résistance à la répression et à l'avilissement. Seules ces luttes ont rendu possible d'intensifier la protection des droits de l'homme à l'intérieur des États nationaux, et à l'extérieur de les propager mondialement[139] ».

---

[135] *Op. cit.*, p. 144.
[136] *Op. cit.*, p. 147.
[137] *Op. cit.*, p. 148.
[138] Cf. Ernst Bloch, *Droit naturel et dignité humaine,* tr. fr. de Denis Authier et Jean Lacoste, Payot, Paris, 1976.
[139] Op.cit., p. 153.

Or, comme le souligne Habermas, cette lutte pour imposer les droits de l'homme se poursuit dans nos propres pays. « Chaque demandeur d'asile expulsé ou détenu de la zone de transit d'un aéroport, chaque embarcation de réfugiés qui chavire au large de Lampedusa, chaque coup de feu essuyé sur la clôture de sécurité à la frontière nord du Mexique est un nouveau motif de préoccupation pour le citoyen occidental[140] ». Avec la première *Déclaration des droits de l'homme,* a été posé « un standard normatif dont les réfugiés, les déchus, les exclus, les bafoués et les humiliés peuvent s'inspirer pour prendre conscience de ce que leur souffrance n'a rien d'un destin naturel. Avec l'entrée des premiers droits de l'homme dans le droit positif a été créée l'obligation juridique d'en réaliser les contenus moraux subrogatoires ; cette obligation s'est gravée dans la mémoire de l'humanité[141] ».

Alors, quand on prend conscience de ce qui se passe, en ce moment même, où nous écrivons, par exemple à Vintimille, à Menton, à Calais, en Hongrie, en Slovénie ou en Autriche, où la seule réponse des États semble être de tenir un double discours à la fois « humanitaire » et « protectionniste », ayant pour conséquence la mise à disposition de structures d'accueil humanitaires insuffisantes, pour les migrants, accompagné d'un discours et d'attitudes de « fermeté », visant à repousser et à expulser, avec la force policière, des milliers de migrants « économiques », n'ayant officiellement pas le droit à l'asile politique, on peut se demander si les gouvernements actuels de certains pays de l'Union européenne, qui selon la convention de Genève sont normalement obligés d'accueillir ces réfugiés et de leur fournir le minimum absolu, leur permettant de se loger et

---

140 *Op. cit.*, p. 155.
141 *Op. cit.*, p. 154.

de se nourrir, ont encore réellement conscience de leur obligation morale et juridique découlant de la *Déclaration des droits de l'Homme des Nations Unies* (de 1948) et de leur propre Constitution. Certes, des progrès importants ont été réalisés ces dernières années dans le domaine de la protection des droits de l'homme, notamment par la création de la *Cour Européenne des Droits de l'homme* (au Luxembourg), mais comme ces décisions et ces verdicts n'ont eu qu'une influence limitée sur les décisions effectives des États de l'Union, l'impact de cette action en faveur de la validation effective des droits de l'homme dans les institutions et pratiques des États de l'Union a été malheureusement limité. Or la chance d'une Europe de l'avenir - réorganisée et re-démocratisée dans ses structures décisionnelles - réside précisément dans la possibilité d'agir davantage et plus efficacement par l'élargissement des compétences du Parlement européen, de la Cour Européenne des droits de l'homme, notamment sur ce chantier sensible du respect des droits de l'homme et de la dignité humaine et dans le domaine de la vie des citoyens.

C'est en paraphrasant Ernst Bloch qui dans son livre *Droit Naturel et Dignité humaine*[142] (1961) avait déjà souligné la prévalence des droits de l'homme sur les utopies sociales, pour la genèse de la philosophie des Droits de l'Homme, portée par la Révolution française, que Jürgen Habermas a souligné très justement que « les droits de l'homme forment une utopie réaliste, puisqu'ils ne font pas miroiter des images de bonheur collectif enluminées par l'utopie sociale, mais un objectif idéal de société juste inscrit dans les institutions mêmes des États constitutionnels[143] ».

---

[142] Cf. note 77 en bas de la page 33.

[143] J. Habermas, *La Constitution européenne,* p. 154.

Or, dans la situation actuelle où les droits de l'homme ne sont pas respectés dans la plupart des 195 pays du monde, faisant partie des Nations Unies, il faudrait enfin faire quelque chose pour combler ce hiatus entre d'une part une « propagation de la rhétorique des droits de l'homme » et de l'autre « les détournements dont ils font l'objet lorsqu'ils ne servent qu'à légitimer l'habitude politique de puissance[144] ». Il faudrait, impérativement, mettre fin à cette ambiguïté et tenter de garantir, comme le suggère entre autres, Klaus Günther[145], le passage d'une politique des Droits de l'Homme à une politique délibérative des droits de l'homme et il faudrait empêcher à l'avenir, qu'au nom d'une certaine interprétation des Droits de l'Homme une superpuissance, par exemple les États-Unis, puisse se confectionner un droit d'intervention à sa mesure[146].

Enfin, il faudrait surtout « sensibiliser les citoyens de nos sociétés néo-libérales à l'érosion de plus en plus intensive dont sont l'objet les droits fondamentaux existants et au danger toujours plus pressant d'un évidement des libertés qui leur sont garanties[147] ».

Or à un moment où les gouvernements des principaux pays de l'Union Européenne, sous la pression simultanée des migrants de l'extérieur qui tentent désespérément de franchir les portes de l'Europe, dans l'espoir de pouvoir accéder ainsi à une « vie meilleure », les forces nationalistes et xénophobes de l'intérieur, prônent leur expulsion et le repli total sur elles-mêmes des nations soi-disant « envahies ». Ces gouvernements sont en train de

---

[144] *Op. cit.*, p. 154.

[145] Cf. Gert Haller /Klaus Günther/ Ulfried Neumann (sous la direction de) : *Menschenrechte und Volkssouveränität in Europa,* Campus, Francfort, 2011.

[146] *Op. cit.*, p. 156.

[147] *Op. cit.*, p. 158.

transformer l'Europe « libérale » dans une espèce de *forteresse,* protégée par des clôtures, des miradors et des barbelés (Cf. la Hongrie de M. Orban !), pour empêcher à tout prix le passage des migrants d'Asie et d'Afrique vers les pays riches de la sphère nord (Cf. aussi le drame des migrants qui se joue à Calais, devant le tunnel de la Manche conduisant vers l'Angleterre !), il y a vraiment urgence absolue, que les instances européennes compétentes prennent et assument enfin leur responsabilité morale et politique dans cette affaire, en contraignant les gouvernements européens en question à respecter leurs engagements en matière de droits de l'homme et de dignité humaine pour que ces migrants (qui sont avant tout des êtres humains (!)) soient traités avec humanité. C'est nécessaire vu que ces pays « d'accueil » s'étaient engagés non seulement à respecter les principes élémentaires de la « Déclaration des droits de l'Homme » des Nations Unies (1948), mais aussi les valeurs fondamentales de l'Union Européenne garantissant les libertés, le bien-être et la dignité de la personne humaine. Or, la décision du gouvernement britannique de M. Cameron, pour ne citer qu'un exemple, d'adapter une loi condamnant toute personne logeant un migrant chez lui, en Angleterre, pour stopper le flux d'immigration, par une mesure drastique et brutale de protectionnisme national, à une forte amende ou jusqu'à cinq ans d'emprisonnement ou bien la décision du gouvernement hongrois de M. Orban de construire une clôture voire un « mur » de protection, à sa frontière avec la Serbie, pour empêcher le passage des réfugiés du Proche-Orient (Syrie...) en Europe centrale, est une véritable gifle à ces principes qui ne peut que soulever l'indignation, comme, d'autre part, le traitement inhumain infligé aux nombreux migrants en Macédoine, où la police et même l'armée ont été utilisées pour chasser, avec brutalité, les migrants du territoire « national ». Pour maîtriser ces flux migratoires, il y a urgence que les pays de l'UE s'accordent enfin sur une ligne commune d'aide et d'assistance à ces réfugiés, comportant nécessairement des *quotas d'accueil* pour chaque pays de l'Union et l'obligation par les États concernés de les héberger, du moins pour une période limitée, jusqu'à l'arrivée de la décision (définitive) concernant leur demande d'asile politique. (Il n'est pas acceptable que seuls deux pays de l'Union (à savoir l'Allemagne et la Suède) doivent accueillir à eux seuls la presque totalité de ces réfugiés (dont le nombre total pourrait facilement atteindre, à la fin de l'année 2015, un million de personnes (hommes, femmes et enfants)). Si le mot de « solidarité » européenne a encore un sens, elle devrait donc s'appliquer prioritairement à la solution de ce problème, en affrontant courageusement et résolument les inévitables réactions hostiles de la droite et de l'extrême droite.

X. Conclusion
POUR UNE EUROPE DÉMOCRATIQUE, ÉCOLOGIQUE, SOCIALE ET SOLIDAIRE

Comme il a été souligné par de nombreux experts et spécialistes des questions européennes, les difficultés de fonctionnement et de légitimité des institutions de l'Union Européenne résultent entre autres du fait que l'Union Européenne a constitué, depuis sa fondation, une entité politique spéciale et unique en son genre qui a apparemment compliqué son acceptation. Car elle exerce en effet un pouvoir qui n'est pas exclusivement réductible au seul pouvoir et à la seule domination des États de l'Union[148]. Par conséquent, elle est constamment contrainte à autojustifier sa politique et ses actions afin de légitimer son pouvoir et ses actions politiques. Cette tâche est constamment compliquée par les résistances que tel ou tel pays membre de l'Union, toujours attaché à l'État national et ses traditions démocratiques législatives, peut opposer aux décisions prises au niveau européen, mais aussi par la complexité et la multiplicité des instances dirigeantes de l'Union Européenne, mettant en rivalité, avec des procédures difficiles de juridiction, le Parlement Européen, la Commission, le Conseil de l'Europe et les parlements nationaux.

Comme le soulignent entre autres Claudio Franzius et Ulrich K. Preuss, cela a inévitablement conduit au

---

[148] Cf. Claus Franzius et Ulrich K. Preuss, « Für ein demokratisches Europa (Zur Zukunft der europäischen Demokratie), in : Ralf Fücks /Christine Pütz (dir.), *Solidarität und Stärke. Die Zukunft der Europäischen Union*, Berlin, Fondation Heinrich Böll, 2011, p. 169 sq.

« dilemme démocratique de l'Union, s'exprimant dans le fait que depuis la globalisation néo-libérale, l'espace des décisions politiques traditionnellement limitées aux parlements nationaux et aux instances démocratiquement légitimes de l'État national, a été considérablement élargi si bien que les objets des décisions politiques dépassent de plus en plus souvent la portée des possibilités d'action politique qui légitiment ces décisions, démocratiquement[149] ». En conséquence, les citoyens ont de plus en plus souvent l'impression que leur liberté de décision est de facto de plus en plus restreinte par des acteurs décidant par eux-mêmes au-delà de leurs frontières nationales. Et prenant conscience de ce « vide de l'espace d'action démocratique » (Preuss) dans lequel ils sont précipités, ils peuvent être tentés d'exprimer leur frustration soit par l'abstention, soit par le vote des partis extrémistes de droite, même s'ils sont majoritairement convaincus que dans l'appartenance de leur pays à l'Union Européenne, les avantages économiques et politiques sont bien supérieurs aux désavantages (résultats des multiples transferts des souverainetés nationales aux instances européennes).

Et même si l'on peut déplorer une certaine « perte de l'autodétermination démocratique »[150], celle-ci n'est cependant pas, contrairement à ce qu'affirment les souverainistes de l'extrême droite et de l'extrême gauche, le produit de la domination d'une puissance étrangère ; elle est plutôt le résultat de l'adhésion volontaire des citoyens par le fait que leur pays est membre de l'UE, ce qui est à l'origine de multiples interdépendances nouvelles et de transferts de souveraineté des États nationaux. Mais comme il y a, incontestablement un *déficit démocratique*, celui-ci ne peut être dépassé, estimons-nous, en accord

---

149 *Op. cit.*, p. 70.

150 Preuss, *op.cit.*, p. 171.

avec Franz Preuss, que par l'effort individuel et collectif de transformer notre démocratie en une vraie *démocratie vivante*, se concentrant à choisir les alternatives politiques existantes et à participer aux décisions politiques[151] ». Une vraie *démocratie participative* rendant la parole aux citoyens et citoyennes par voie de référendum et par des assemblées citoyennes, organisées régulièrement pour informer et consulter les citoyens sur toutes les questions européennes, pourrait en effet contrebalancer les tendances dirigistes et bureaucratiques émanant de « l'invisibilité » des instances européennes et de l'accaparement des fonctions décisives par des technocrates.

Habermas a sans nul doute raison de souligner que « nous ne pouvons faire face de manière offensive aux défis et aux risques d'un monde en rupture que si nous renforçons l'Europe plutôt que de chercher à exploiter au prix d'un vieux populisme les angoisses bien compréhensibles de la population[152] ».

Évidemment, il nous faut aujourd'hui, après le « Non » catastrophique des Français et des Hollandais en 2005 au projet d'une *Constitution Européenne*, pour remonter la pente, faire quelque chose pour « amener l'Europe à faire rêver » à nouveau, ce qui présuppose la création rapide d'un « espace public européen » ainsi qu'une réflexion suivie sur l'identité européenne ». En outre, pour éviter que l'Europe ne se désagrège, les pays du « noyau dur » européen (Allemagne, Benelux, France, Italie) » doivent sans tarder mettre en branle le mécanisme de « coopération renforcée » décidé à Nice, afin d'initier dans une Europe à plusieurs vitesses non seulement une

[151] *Op. cit.*, p. 172.
[152] J. Habermas, *Sur l'Europe*, Bayard, Paris, 2006, p. 53.

politique étrangère commune, mais également une politique de sécurité et de défense commune[153] ».

Mais il faudrait surtout, afin de combler le déficit de responsabilité, articuler beaucoup plus, la Commission Européenne (CE) aux décisions prises par les citoyennes et citoyens européens, même si cela nécessite une modification des traités européens actuels. Les élus et les députés européens devraient, en rompant avec une attitude corporatiste trop répandue, aller plus au-devant de leurs électeurs et discuter avec eux, publiquement, dans des forums et agoras, spécialement créés pour cela, des problèmes européens. Il faudrait mettre fin à une situation où les élections européennes serviront avant tout de prétexte pour sanctionner les gouvernements nationaux[154]. Pour augmenter la légitimité de l'action politique des citoyennes et citoyens européens, il serait sans nul doute inévitable, en suivant la proposition de Franzius/Preuss, d'harmoniser aussi le droit électoral européen et de créer pour les futures élections européennes des listes *transnationales*, où chaque électeur/trice disposerait de *deux voix* : une pour une liste *nationale* et une autre pour une liste *transnationale européenne,* exprimée par une seule circonscription, comportant le territoire de l'UE tout entière, ce qui ferait vingt-cinq sièges au Parlement Européen. Bien que cela puisse aujourd'hui peut-être paraître « utopique », cela renforcerait sans nul doute de manière considérable la « transnationalité », en permettant un rapprochement des perspectives et des projets européens, ce qui, malheureusement, dans la situation actuelle de l'Europe, n'ayant ni le statut d'un État fédéral, ni celui d'une fédération des États, et réservant encore trop

---

[153] Cf. J. Habermas, *Op.cit.*, p. 73. (Réaction au texte de J. Habermas traduit par C. Bouchindhomme.)

[154] U.K. Preuss, op.cit., p. 178.

de domaines décisionnels à l'État national, n'est pas vraiment possible.

Mais il faudrait sans nul doute aller encore plus loin, en introduisant et en renforçant tous les éléments relatifs à une *démocratie directe*. Comme le mettent en évidence Franzius et Preuss, dans leur contribution, le meilleur moyen pour y parvenir serait le développement, à une échelle large, un peu partout dans les États européens, d'*Initiatives de Citoyens Européens* (Europäische Bürgerinitiativen), devenant, précisément par le dépassement du hiatus entre représentation et participation, un « instrument important pour la légitimation pluraliste de l'Union ».[155] Le cadre juridique pour cela a été créé par la recommandation n° 211/2011 du Parlement Européen, confirmée par le Conseil Européen du 16 février 2011. Comme les voix en appui à des initiatives citoyennes européennes peuvent être collectées via Internet, il suffirait, comme le suggèrent Preuss et Franzius, que les États membres de l'Union mettent gratuitement à leur disposition une plateforme électronique accessible à tous les citoyens européens intéressés ; et il serait fort souhaitable que ces initiatives citoyennes européennes aient, avec leur proposition, une influence directe sur la Commission, de sorte que ces décisions citoyennes puissent être validées, juridiquement. Ce serait en fin de compte une contribution importante à la création d'un *espace public européen* auquel les médias pourraient également participer.

Qu'*Internet* pourrait à ce propos jouer un rôle important, cela est aussi attesté par le fait que, pour ne citer que l'exemple de la Tunisie, pendant le « Printemps arabe », aujourd'hui, des protestations de masse et même des révolutions peuvent être organisées par le biais de

---

[155] *Op. cit.*, p. 182.

Facebook[156]. C'est la raison pour laquelle l'accès libre et incontrôlé des citoyens à *Internet* doit être évidemment garanti, si bien qu'il y ait là un espace communicationnel libre et gratuit, échappant à toute restriction et réglementation étatique, car « la neutralité du net » est une des conditions de la démocratie[157] ».

Dans cette perspective, les ICE (Initiatives citoyennes européennes) peuvent aussi être activées non seulement pour combattre toutes les tendances anti-démocratiques dans l'Union (cf. la Hongrie de M. Orban), mais aussi pour contrecarrer toutes les tentatives nationalistes et souverainistes - tendant à la renationalisation des États. Elles pourraient aussi être un instrument stimulant pour le combat pour le respect des droits de l'Homme et de la dignité humaine, ainsi qu'en faveur d'une politique étrangère commune de l'Union, en faveur d'un « New deal vert » (écologique) et en faveur d'un monde libéré de réacteurs et d'armes atomiques.

C'est seulement dans ce cadre d'une *action citoyenne élargie et vaste,* enrichie par des formes de décision de « démocratie directe », que la démocratie européenne pourrait reprendre du souffle et se régénérer, en barrant en même temps la route à la régression nationaliste.

« L'Europe grandit avec ses crises » disait déjà Jean Monnet. Et n'oublions pas que ce qu'affirmait Nietzsche, déjà en 1885 : « L'Europe Une vient à nous, lentement et avec hésitation, mais de toute nécessité. Tous les hommes vastes et profonds de ce siècle aspirèrent au fond, dans le secret travail de leur âme, à préparer cette synthèse nouvelle et voulurent incarner, par anticipation, l'européen de l'avenir [158] ».

---

[156] Cf. *Op.cit.*, p. 184.

[157] *Op.cit.*, p. 84.

[158] Cf. Jacques Delors/Jean-Pierre Faye, *L'Europe une,* Gallimard, Paris, 1992.

BIBLIOGRAPHIE

Beck (Ulrich), *La société du risque (Sur la voie d'une autre modernité),* Flammarion, « Champs essais », Paris, 2001.

Beck (Ulrich) : *Contre l'Europe allemande*, Préface : Daniel Cohn-Bendit, Autrement, Paris, 2006.

Benz (Wolfgang), *Der deutsche Widerstand gegen Hitler*, Munich, 2014.

Delors (Jacques)/Faye (Jean-Pierre), *L'Europe une,* Gallimard, Paris, 1992.

Duflot (Cécile), « L'Allemagne n'est pas notre ennemie » (Réplique à J.L. Mélenchon), in « Libération » du 19 mai 2015.

Franzius (Claus)/Preuss (Ulrich K.), « Für ein demokratisches Europa.(Zur Zukunft der europäischen Demokratie) », Ralf Fücks/Christine Pütz (dir.), *Solidarität und Stärke. Die Zukunft der europäischen Union*, Berlin, Fondation Heinrich Böll, 2011.

Glucksmann (André), *Le Bien et le Mal. Lettres immorales d'Allemagne et de France*, Robert Laffont, 1997.

Gorz (André), *Écologie et Politique*, Galilée, 1975, Le Seuil, 1978.

Gorz (André), *Ecologica,* Galilée, Paris, 2008.

Grosser (Alfred), *La République fédérale d'Allemagne,* PUF, Paris, 1963.

Grosser (Alfred), *L'Allemagne de notre temps,* Fayard, Paris, 1970.

Grosser (Alfred), *La Démocratie de Bonn* (1949-1957), A. Colin, Paris, 1958.

Habermas (Jürgen), *La Constitution de l'Europe,* trad. fr. de C. Bouchindhomme, Gallimard, Paris, 2011.

Habermas(Jürgen), *L'Europe,* trad. fr. C. Bouchindhomme et A. Dupeyrix, Paris, Bayard, 2006.

Heine (Heinrich), *De l'Allemagne*, Akademie-Verlag, Berlin, éd. du CNRS, Paris, 1978, t. 16.

Horne (John)/Kramer (Alan), *1914. Les atrocités allemandes*, Tallendier, Paris, 2006.

Jankélévitch (Vladimir), *Pardonner* ?, Paris, 1971.

Mehringer (Hartmut), *Widerstand und Emigration. Das NS-Regime und seine Gegner*, Munich, 1997.

Mélenchon (Jean-Luc), *Le Hareng de Bismarck.(Le poison allemand)*, Plon, Paris, 2015.

Meyer (Philippe), *Ils étaient Allemands contre Hitler, Préface de Susanne Wasum-Rainer*, L'Âge d'Homme, Paris, 2015.

Münster (Arno), *Utopie, Ecologie, Ecosocialisme. (De l'utopie concrète blochienne à l'utopie écologique socialiste)*, L'Harmattan, Paris, 2013.

Münster (Arno), *Pour un socialisme vert (Vers la société écologique via la justice sociale)*, Lignes, Fécamp, 2012.

Münster (Arno), « La stigmatisation de l'Allemagne. (Réplique à un pamphlet »), in « Libération » du 25 mai 2015.

Münster (Arno), « La gauche radicale est-elle devenue germanophobe ? »(Tribune libre in « Le Monde.fr » du 1er juin 2015).

Münster (Arno), *André Gorz ou le socialisme difficile,* Lignes, Paris, 2008.

Sandoz (Gérard), *L'Allemagne de Willy Brandt*, Stock, Paris, 1972.

Scholl (Inge), *La Rose blanche. Six Allemands contre le nazisme,* Éd. de Minuit, Paris, 2012.

Weber (Henri), « Jean-Luc Mélenchon, halte au complotisme ! », « Libération » du 25 mai 2015.

Wismann (Heinz), *Penser entre les langues,* Albin Michel, Paris, 2012.

ARNO MÜNSTER (né en 1942), philosophe et essayiste franco-allemand, installé à Paris, depuis 1967 ; auteur de très nombreux ouvrages ; il a enseigné, après avoir soutenu, en Sorbonne (Paris I) (en 1986), un Doctorat d'Etat-ès-Lettres sur la pensée d'Ernst Bloch (dont il est le disciple et aussi le biographe), en tant que spécialiste de la pensée allemande et contemporaine (XIXe-XXe siècle), aux universités de Paris VII, Paris VIII et de Picardie Jules Verne (1992- 2010) ainsi qu'au Collège International de Philosophie (1986-1989) et à l'Université Fédérale de Rio de Janeiro (1990-91). Dernier ouvrage publié : *Jean Jaurès : un combat pour la République, la Laïcité, la justice sociale et la paix,* L'Harmattan, Paris, 2015. Réside, depuis 2012, comme maître de conférences honoraire de philosophie, à Nice.

ARNO MÜNSTER (né en 1942), philosophe et essayiste franco-allemand, installé à Paris depuis 1962, auteur de très nombreux ouvrages [illegible]

[illegible]

TABLE DES MATIÈRES

L'Europe

aux éditions L'Harmattan

Dernières parutions

DÉPOLITISER L'EUROPE
Comment les partis dominants évitent le conflit sur l'intégration européenne
Petithomme Mathieu
Comment les partis politiques se saisissent-ils des questions européennes ? Voici étudiée l'adaptation et les stratégies des pays européens au développement de l'UE. Les idées d'une «européanisation» croissante et d'une montée de l'euroscepticisme sont remises en cause. Comment les partis dominants développent-ils des stratégies pour éviter le conflit sur l'intégration européenne ? Maintenir des lignes politiques floues et nationaliser cet enjeu permet aux partis d'agir librement au niveau européen, tout en évitant une politisation de l'UE. On interdit aux citoyens ordinaires d'accroître leur connaissance de l'UE par la critique et le débat public.
(Coll. Questionner l'Europe, 38.00 euros, 384 p.)
ISBN : 978-2-343-05577-0, ISBN EBOOK : 978-2-336-38152-7

MAURICE BLONDEL (1861-1949)
Un sociologue arraché à l'oubli
Diakiodi Adrien
Pour son projet d'une « union européenne », Maurice Blondel a élaboré une méthode sociologique qui permet de rassembler les membres d'une même société autour des mêmes idéaux, de les aider à s'accepter les uns les autres, de les pousser à atteindre un excellent niveau d'organisation sociale, économique, politique et culturelle, mais surtout d'intégrer les délinquants déclarés perdus à jamais. Le présent ouvrage se propose de présenter cette méthode et de faire connaître Maurice Blondel comme sociologue de l'action et d'une Europe de la paix perpétuelle.
(Coll. Logiques sociales, 12.00 euros, 96 p.)
ISBN : 978-2-343-06015-6, ISBN EBOOK : 978-2-336-38139-8

DIPLOMATIE DE L'ARROGANCE
Le cas de la Russie dans les pays baltes
Pundziute-Gallois Emilija - Préface de Guillaume Devin
Pour expliquer certains problèmes de relations internationales, il est utile d'étudier la diplomatie en tant que phénomène social. Ce travail définit et décrit la diplomatie de l'arrogance en étudiant le cas des relations entre la Russie et les pays baltes. Elle se manifeste dans un contexte d'inégalité objective entre

les États, renforcé par la certitude subjective de la supériorité du sien. Elle se manifeste alors par un agenda et des thèmes diplomatiques imposés par la partie forte, pour démontrer sa puissance et se construire une image valorisante au détriment de l'autre.
(Coll. Questions contemporaines, 18.00 euros, 186 p.)
ISBN : 978-2-343-06155-9, ISBN EBOOK : 978-2-336-37809-1

LE CINÉMA FAIT LE MUR
Bernard Louargant
Symbole de la guerre froide, le Mur de Berlin a fourni une excellente matière pour le cinéma. Des films de fiction ont été réalisés pour raconter son histoire, de sa construction en août 1961 à sa chute en novembre 1989. Vingt-huit années durant lesquelles, à l'Est comme à l'Ouest, des cinéastes mettront en scène des espions et des fugitifs en proie à la guerre froide. Ces longs métrages cinématographiques permettent de raconter, d'une manière originale et inédite, l'histoire du Mur vu des deux côtés de Berlin.
ISBN : 978-2-336-29705-7, 20.00 euros

UN CAMP DE LA MORT NAZI OUBLIÉ EN BIÉLORUSSIE
Maly Trostenets
Chauvet Didier
Le camp nazi de Maly Trostenets, en périphérie de Minsk en Biélorussie, est quasiment inconnu du grand public français. Construit sur le site d'un Kolkhoze, le camp se trouvait au centre du processus d'extermination des Juifs du ghetto de Minsk. L'histoire de ce camp est ici présentée à la lumière de recherches historiographiques internationales et en s'appuyant sur les conclusions de la Cour fédérale de Coblence et de la Commission d'État soviétique.
(16.50 euros, 164 p.)
ISBN : 978-2-343-06005-7, ISBN EBOOK : 978-2-336-38071-1

LEXIQUE DE GREC CARGÉSIEN
Précédé d'un bref historique du peuplement grec de Cargèse (Corse)
Eon Jean-Christophe
Cargèse est une petite ville située à 52 km au nord d'Ajaccio, née de l'exil de populations grecques venues du Péloponnèse. En 1676, fuyant l'oppression ottomane, ces populations obtinrent de la République de Gènes, alors métropole de la Corse, la possibilité de s'y installer. À partir du XIXe siècle, les Cargésiens purent vivre en paix sur cette terre devenue la leur. Voici donc une étude sur le parler grec de Corse (néanmoins en voie d'extinction).
(Coll. Études grecques, 19.00 euros, 1925 p.)
ISBN : 978-2-343-06002-6, ISBN EBOOK : 978-2-336-38146-6

L'UNION EUROPÉENNE : UN ESPACE POLITIQUE À LA CROISÉE DES CHEMINS
Sous la direction de Marie-Claude Esposito et Christine Manigand, collaboration de P. Dieuaide et A. Evrard (préfacier)
Grâce aux regards combinés d'historiens, de politistes, d'économistes et de juristes, ce volume dresse un état des lieux de la construction européenne

braquant l'objectif successivement sur les citoyens, les institutions et les politiques publiques mises en place tout en réinterrogeant des notions convenues ou des idées reçues sur l'Union Européenne.
(Coll. Cahiers de la Nouvelle Europe, 17.00 euros, 172 p.)
ISBN : 978-2-343-05796-5, ISBN EBOOK : 978-2-336-37394-2

POLICE ET SURVEILLANCE DE L'EXTRÊME-DROITE EN ALLEMAGNE
Laumond Bénédicte - Préface de Alexandre Dézé
Cet ouvrage permet au lecteur de découvrir comment notre voisin allemand organise la surveillance et la répression policière de l'extrémisme de droite. L'auteure commence par dresser un panorama de l'extrême droite allemande contemporaine, avant de consacrer une large place à l'analyse critique du fonctionnement des institutions de sécurité en charge de lutter contre l'extrémisme de droite. Elle s'appuie sur une recherche de terrain menée entre Berlin, la Saxe, le Brandebourg et la ville de Dortmund.
(Coll. Inter-National, 15.50 euros, 152 p.)
ISBN : 978-2-343-05288-5, ISBN EBOOK : 978-2-336-37555-7

CONTROVERSES DU TRAVAIL SOCIAL EN FRANCE ET EN ALLEMAGNE
Par-delà les idées reçues
Sous la direction de Béatrice Muller, Bruno Michon, Blandine Somot ; Préfaces du Conseil régional d'Alsace et de l'Eurodistrict
Repoussoir pour certains, modèle pour d'autres, l'Allemagne concentre les regards depuis plusieurs années. On aura bien sûr entendu parler du «modèle social allemand» au cœur duquel semble régner la recherche de consensus. Mais qu'en connaît-on réellement ? Peu de chose, et cela est d'autant plus dommageable que les évolutions parallèles des modèles sociaux français et allemands sont loin d'être aussi divergents qu'on le croit. Il s'agira ici d'établir une passerelle entre ces deux rives et d'interroger les théories et pratiques du travail social à l'œuvre dans chacun de ces pays.
(Coll. Institut de la Ville et du Développement, 25.00 euros, 258 p.)
ISBN : 978-2-343-05641-8, ISBN EBOOK : 978-2-336-37406-2

L'EXIL FRANÇAIS DE DON CARLOS, INFANT D'ESPAGNE (1839-1846)
Pauquet Alain
Ce livre est le premier ouvrage historique consacré à la vie de l'Infant Don Carlos de Bourbon (1788-1855), prétendant malheureux au trône d'Espagne et fondateur du carlisme (l'extrême droite espagnole du XIXe siècle). S'appuyant sur des archives, dont une partie était restée jusqu'ici inédite, ce livre contribue à une meilleure connaissance de l'histoire de l'Espagne et de la France à l'époque du roi Louis-Philippe.
(Coll. Chemins de la Mémoire, série XIXe siècle, 33.00 euros, 318 p.)
ISBN : 978-2-343-05846-7, ISBN EBOOK : 978-2-336-37528-1

FILLE DE COSAQUE 1914-1919
Yurlova Marina - Traduit de l'anglais par Jean-Claude Drouin
Marina Yurlova a servi sous l'uniforme comme combattante cosaque, se portant volontaire à l'âge de 14 ans, en 1914. Bien que blessée à plusieurs reprises, elle

retourne au service actif et reçoit plusieurs décorations. À travers la guerre et la Révolution, Marina a rencontré des Turcs, des Kurdes, des Rouges, servi dans la légion tchèque, traversé la Sibérie à pied, et finalement embarqué à Vladivostok pour le Japon en 1919. Elle détaille ces cinq années de sa vie dans un récit fascinant, rempli d'observations et d'impressions sur les lieux et les gens qu'elle a rencontrés.
(Coll. Voix du Caucase, 26.00 euros, 252 p.)
ISBN : 978-2-343-05646-3, ISBN EBOOK : 978-2-336-37444-4

CHRONIQUES DES ÉLECTIONS EUROPÉENNES MAI 2014
Pour une alternative républicaine
Obert Patrice
L'Europe est mal connue, mal aimée, et pourtant notre chance aujourd'hui. Dans ce livre, Patrice Obert explique pourquoi il décide de se présenter pour la première fois comme candidat sur une liste citoyenne. À travers de courts récits, il décrit le déroulement d'une campagne et le ressenti des citoyens rencontrés face aux militants politiques. Une réflexion indispensable pour comprendre les résultats des prochaines élections de 2015 en Europe et pour proposer une alternative politique républicaine, européenne et humaniste face à la montée des extrémismes.
(22.00 euros, 224 p.)
ISBN : 978-2-343-05490-2, ISBN EBOOK : 978-2-336-37127-6

QUATRE STRATÈGES DANS LA SECONDE GUERRE MONDIALE
Essai
Jarrosson Bruno
La Seconde Guerre mondiale s'est déployée comme une partie d'échecs où chaque stratège a joué sa partie et défini son style et ses croyances. Pour saisir la stratégie d'Hitler, Churchill, Staline et Roosevelt, cet ouvrage analyse les raisonnements et décisions des douze moments décisifs - de 1936 à 1945. Ces études révèlent la nature de la stratégie - réaliste ou idéaliste, directe ou indirecte - et les qualités mises en œuvre, offrant une fresque souvent baroque et rarement heureuse.
(19.50 euros, 190 p.)
ISBN : 978-2-343-05271-7, ISBN EBOOK : 978-2-336-37219-8

DIVERSITÉ ET PARTICIPATION
Approches franco-allemandes de l'action sociale pour la jeunesse des quartiers marginalisés
Sous la direction d'Ahmed Boubeker & Markus Ottersbach
L'ouverture interculturelle est devenue une exigence qui concerne aussi l'action sociale internationale à destination des jeunes. Cet ouvrage aborde la méthodologie, les débats scientifiques sur les quartiers marginalisés, les ressources et les «capacités d'agir» de ces jeunes, la politique d'intégration et les possibilités et limites de l'action sociale en France et en Allemagne. À la fois théorique et fourmillant de situations concrètes, cet ouvrage intéressera les travailleurs sociaux et les décideurs politiques.
(Téraèdre, Coll. Dialogues/ Dialoge, 22.00 euros, 204 p., Broché)
ISBN : 978-2-36085-061-7, ISBN EBOOK : 978-2-336-37256-3

L'HARMATTAN ITALIA
Via Degli Artisti 15; 10124 Torino
harmattan.italia@gmail.com

L'HARMATTAN HONGRIE
Könyvesbolt ; Kossuth L. u. 14-16
1053 Budapest

L'HARMATTAN KINSHASA
185, avenue Nyangwe
Commune de Lingwala
Kinshasa, R.D. Congo
(00243) 998697603 ou (00243) 999229662

L'HARMATTAN CONGO
67, av. E. P. Lumumba
Bât. – Congo Pharmacie (Bib. Nat.)
BP2874 Brazzaville
harmattan.congo@yahoo.fr

L'HARMATTAN GUINÉE
Almamya Rue KA 028, en face
du restaurant Le Cèdre
OKB agency BP 3470 Conakry
(00224) 657 20 85 08 / 664 28 91 96
harmattanguinee@yahoo.fr

L'HARMATTAN MALI
Rue 73, Porte 536, Niamakoro,
Cité Unicef, Bamako
Tél. 00 (223) 20205724 / +(223) 76378082
poudiougopaul@yahoo.fr
pp.harmattan@gmail.com

L'HARMATTAN CAMEROUN
BP 11486
Face à la SNI, immeuble Don Bosco
Yaoundé
(00237) 99 76 61 66
harmattancam@yahoo.fr

L'HARMATTAN CÔTE D'IVOIRE
Résidence Karl / cité des arts
Abidjan-Cocody 03 BP 1588 Abidjan 03
(00225) 05 77 87 31
etien_nda@yahoo.fr

L'HARMATTAN BURKINA
Penou Achille Some
Ouagadougou
(+226) 70 26 88 27

L'HARMATTAN SÉNÉGAL
10 VDN en face Mermoz, après le pont de Fann
BP 45034 Dakar Fann
33 825 98 58 / 33 860 9858
senharmattan@gmail.com / senlibraire@gmail.com
www.harmattansenegal.com

L'HARMATTAN BÉNIN
ISOR-BENIN
01 BP 359 COTONOU-RP
Quartier Gbèdjromèdé,
Rue Agbélenco, Lot 1247 I
Tél : 00 229 21 32 53 79
christian_dablaka123@yahoo.fr

657053 - Juin 2016
Achevé d'imprimer par